# CHANSONS DE ROUTE

PAR

## THÉODORE BOTREL

„ Chansonnier des Armées "

PARIS, PAYOT & C<sup>ie</sup>

4<sup>ME</sup> MILLE

# Chansons de Route

Ce ne sont pas encor les Chants de la Victoire ;
Patience ! celà viendra :
Ecoutez les chansons de la Route de Gloire
Qui, demain, nous y conduira !

Botrel

REFRAINS DE GUERRE

*1ʳᵉ série.*

# Les
# Chansons de Route

(1ᵉʳ janvier-31 août 1915)

PAR

## THÉODORE BOTREL

Avec une Préface de M. Eugène TARDIEU
*de l'Académie française.*

113 dessins à la plume de CARLÈGLE
et un portrait photographique de l'auteur.

PARIS

LIBRAIRIE PAYOT ET Cⁱᵉ

106, BOULEVARD SAINT-GERMAIN, 106

Il a été tiré de cet ouvrage

QUINZE EXEMPLAIRES NUMÉROTÉS SUR PAPIER DE HOLLANDE

PRÉFACE

# TROIS AUDITOIRES DE BOTREL

Dunkerque a reçu en même temps la visite des Taubes et celle du « Chansonnier aux Armées », Théodore Botrel. Celui-ci a fait oublier ceux-là. L'auteur de la célèbre chanson *La Paimpolaise*, qui est aussi parmi les plus délicats et les plus sensibles des poètes inspirés par la Bretagne, a accompli, avec un élan persévérant, une chaleur convaincue, la mission que lui a donnée le ministre de la Guerre, d'aller dans la zone des Armées chanter devant les soldats qui partent pour le front ou qui en reviennent, son répertoire patriotique.

Chanter... alors que tant d'autres gémissent ! J'avoue que l'énoncé de ce programme m'avait jeté comme un froid lorsque arriva le poète populaire. Il faut avoir vu de près ceux qui, au front, sont aux prises avec la plus formidable des réalités, pour sentir l'abîme qui sépare leurs gestes quotidiens de toute vaine littérature. Que peut une chanson sur des âmes tendues par un effort dont la raison mystérieuse est dans les profondeurs de l'instinct de la race ?... Parler d'Honneur et de Patrie, d'Héroïsme et de Gloire à des hommes pantelants encore des souffrances endurées aux combats de la veille, résolus en eux-mêmes à y retourner et à lutter jusqu'au bout, n'est-ce pas comme une indiscrétion ? Ne risque-t-on pas de froisser des sentiments sacrés qui ne veulent se traduire que par des actes ou bien de faire monter

le blasphème sur des lèvres momentanément décou-
ragées ?... Nul n'a mieux ni plus puissamment
exprimé que notre Maurice Barrès cette espèce de
timidité particulière dont souffre l'homme qui a écrit
et pense en présence de celui qui agit et qui est prêt à
mourir. Cette timidité-là, il me semblait bien que
Botrel ne l'avait pas et j'étais fort curieux de savoir
quel accueil allaient lui faire ceux que nous appelons
désormais nos « Héros ».

LES BLESSÉS

La première fois, ce fut à l'hôpital des Dunes. Un
hôpital improvisé dans un vieux collège, aux larges
escaliers vermoulus, aux murailles uniformément
blanchies d'un lait de chaux, avec une haute plinthe
de peinture verte. Une longue salle contient une cin-
quantaine de lits. Il y a là des blessés de toutes les
armes, des amputés, des convalescents, des visages
imberbes éclairés d'un sourire où vacille un reste
d'adolescence, des faces ravagées de territoriaux hirsutes, renfrognés et soucieux, un nègre hilare aux
épaules de cariatide, un Kabyle au teint de bronze
clair, à la barbe courte, au crâne rasé. Fiévreux, bou-
deur, couché en chien de fusil, il remonte ses cou-
vertures, ne veut rien voir, rien entendre. Le « barde »
arrive, guêtré, en tenue militaire, sans autre insigne
qu'un brassard de soie tricolore. Il monte sur une
petite estrade comme on en met sous les pieds des
chefs d'orchestre. Dans l'allée du milieu, au bout de
la salle, il la domine. Les infirmiers militaires sont
rangés au long du mur, les médecins-majors assis
sur des chaises deci delà, les dames de la Croix-
Rouge sourient, accoudées au chevet des lits.

Botrel parle. D'une voix qui vibre étrangement

dans cette salle où toujours on parlait bas, il explique ce qu'il vient faire. C'est un petit laïus fort simple et fort bien tourné sur la guerre et qui rappelle que le soldat français a toujours aimé les chansons. Les visages douloureux se sont tournés vers lui, les patients qui l'ont pu se sont assis dans leurs lits. Tous les yeux le regardaient largement ouverts. Est-ce de fièvre ou d'étonnement ? Un speech, des chansons ? pour eux qui viennent de voir la mort de si près et qui ont encore rendez-vous avec elle !...

Une gêne m'envahit. Il me semble qu'un malentendu va naître ici et grandir. Botrel, ému, mais têtu, récite des vers, il lance ce qu'en argot de théâtre on appelle « un bon coup de gueule ». Et puis, il chante. Sa voix est chaude, jeune, bien timbrée. Elle caresse et elle entraîne. Il chante la chanson de *Rosalie*. Rosalie, c'est la baïonnette qui revient de la bataille, rose encore du sang ennemi et que le troupier a surnommée pour cela « Rosalie » :

> Elle adore entrer en danse
> Quand pour donner la cadence,
>     Verse à boire !
> A préludé le canon,
>     Buvons donc !

Je suis assis au pied du lit d'un fusilier marin blessé à Dixmude. Son visage émacié s'encadre d'une légère barbe blonde. Avec son cou tendu, sa forte ossature, ses grands yeux bleus, la gravité de toute son attitude, il ressemblait à un Christ qui sortirait d'un rêve. Sa bouche était entr'ouverte, le voilà qui sourit, du rose aux joues ; et comme *Rosalie* se chante sur un air de marche, je vois, sous son maillot de laine bleue, le torse du marin qui se balance comme pour marquer le pas.

A la fin du couplet, il applaudit de toutes ses forces. Dans tous les lits on rit, on applaudit. La glace est rompue. Maintenant, le chanteur attaque la *Kaisériole* sur l'air de la *Carmagnole*, puis *Guillaume s'en va-t-en guerre* sur l'air de *Marlborough*, *En revenant de guerre* sur l'air de *En revenant de noce*, *Dans la Tranchée*, le *Paimpolais*, etc. Tout cela est gai, bon enfant, héroïque sans emphase. Dans ces chansons-là, on tue, on cogne, on s'excite à l'assaut, on bafoue l'ennemi, on crie vengeance avec simplicité :

> Nous avons soif de vengeance !
> Rosalie, verse à la France !
> Verse à boire !
> De la gloire à pleins bidons !
> Buvons donc !

Quelle erreur était la mienne ! Le cœur de Botrel est plus près que le mien de celui de nos Héros. Ces braves Français aiment les chansons et les grands mots. Ce sont des mots à leur taille. Ils n'y voient point tant de profondeurs. Ces mots-là expriment bien ce qu'ils sentent, ils les trouvent tout naturels, comme leur propre conduite. Notre timidité a tort, et c'est notre excès de littérature qui crée en nous-mêmes ces malentendus que nous redoutons.

*       *       *

Le lendemain, Botrel chantait dans un autre hôpital, l'hôpital Lamartine. Mais ce jour-là, je ne l'entendis pas. J'écrivais dans ma chambre tandis qu'au-dessus de ma tête régnait un formidable vacarme. Quatre Taubes survolaient Dunkerque et laissaient tomber une vingtaine de bombes sur la ville et les environs. De partout on tirait sur eux à coups de canon et à coups de fusil. Il y eut une vingtaine de morts et quelques dizaines de blessés. A la première explosion, le chansonnier allait monter sur sa petite estrade. Il y eut une stupeur et quelques cris d'effroi, un commencement de panique. La bombe était tombée à quatre mètres de l'hôpital, en en criblant les murs d'éclats de fonte, en en brisant toutes les vitres.

Une deuxième explosion suivit de près la première. Une balle perdue passant à travers les carreaux vint rouler aux pieds du poète breton, qui la ramassa, la mit dans sa poche, monta sa marche et dit : « On connaît ça ! — C'est comme au théâtre : On frappe au rideau. Au troisième coup, je commence ! » Le troisième coup arriva à point, et dans tous les lits on applaudit.

La séance commença et se poursuivit, une heure durant, dans l'enthousiasme, sous le bruit des bombes et des fusillades.

Depuis, les Taubes et les Aviatiks sont revenus en plus grand nombre, mais le sang-froid des Dunkerquois ne s'est plus démenti.


## LES POILUS

La deuxième fois que j'entendis Botrel ce fut au Kursaal de Malo. On en avait retiré les banquettes et les fauteuils, car depuis la guerre il sert d'asile à des soldats qui couchent sur des bottes de paille étendues dans la vaste salle et sur la scène. La paille retirée, quelques décors rétablis, un bout de rampe allumé, il avait repris un peu de son ancien aspect. Trois mille territoriaux de la région du Nord, revenus depuis quelques jours des tranchées pour une période de repos, se pressaient debout dans la vaste salle. Quel

public ! Comment décrire ces capotes fripées, décolo-
rées, ces képis déformés, détrempés par les averses,
ces faces hirsutes enveloppées de cache-nez de toutes
les couleurs et qui portent les traces de tant de souffrances, de luttes courageuses, de dangers courus ?...

Botrel eut bientôt fait de les inciter à reprendre en
chœur au refrain, sa *Rosalie* fameuse, ses *Routes du
Kaiser*, son hilarant *En passant par ton Berlin*, etc.
Tassés les uns contre les autres, malgré la diversité
des physionomies, quelques-unes béates et qui semblaient boire le chanteur, d'autres soucieuses, haras-
sées, réfractaires, ils semblaient n'avoir qu'une seule
âme. Ce chœur à trois mille voix dégageait une
singulière puissance d'entraînement mutuel... Cette
âme collective avait des accents douloureux et farouches ; par moments la grande voix mâle et guerrière
faisait trembler les vitres du Kursaal, puis elle traî-
nait sur les finales en *lamento*. C'est la voix de ceux
qui ont donné leur vie en connaissant toute l'étendue
du sacrifice...

### LES COLS BLEUS

Mais le plus beau ce fut quand Botrel chanta pour
les matelots des navires qui, sous le commandement
du capitaine de frégate Richard, ont depuis le commencement de la bataille de l'Yser bombardé la côte
belge en deçà et au delà d'Ostende. Dans vingt-cinq
de ces sorties périlleuses, nos bateaux ont arrêté, avec
les Anglais, la marche des ennemis sur le rivage ; le
Gouvernement a d'ailleurs adressé à leur chef ses
félicitations pour leur belle conduite.

Je les verrai toujours dans le vaste hangar du
Grand Port, étagés sur des piles de sacs et les monta-
gnes de caisses, dans le plus pittoresque des amphi-
théâtres. Sur un grand balcon de bois, ils étaient ali-

gnés comme à un bastingage, nos gars vêtus de blanc, avec leur grand col bleu. Le chanteur n'eut pas besoin de donner un bon « coup de gueule », c'est eux qui l'emportèrent dans le courant d'enthousiasme rieur de leurs âmes d'enfants. Ils ont la foi naïve et le cœur vaillant de Jeanne d'Arc, dont ils portent les couleurs. La plupart d'entre eux étaient Bretons. Botrel, en plus de ses habituels refrains, chanta dans leur langue un chant guerrier du pays natal, et ce fut du délire !... Ne leur parlez pas de sacrifice !... Ils donnent leur vie à la France en naissant... Qu'Elle en dispose !

Ah ! il faut que la France n'oublie jamais qu'au long de ses rivages naissent les meilleurs de ses enfants !

Eugène Tardieu.

# REFRAINS DE GUERRE

2<sup>me</sup> série.

« *Ce n'est pas seulement une bataille militaire que nous avons*
» *à soutenir contre l'Allemagne, mais aussi une bataille morale.*
» *Le militarisme allemand est la tyrannie la plus brutale, la plus*
» *répugnante à la conscience humaine, que le Monde ait jamais*
» *connue. Il faut l'écraser pour libérer l'esprit humain. La morale*
» *allemande est la sophistique la plus impudente et la plus vile*
» *qui ait jamais osé se faire jour parmi les hommes. Il faut la*
» *noyer dans son ignominie, comme il faut déshonorer le peuple*
» *qui la professe. C'est à quoi devraient s'employer, non seule-*
» *ment chez nous, mais chez tous les peuples civilisés, tous ceux*
» *qui disposent d'une plume ou d'une chaire pour parler aux*
» *autres. »*     *JULES DELAFOSSE*
        *(Député du Calvados).*

# CHANTONS LÉGÈREMENT !

## Chanson-Préface.

« Nous vaincrons facilement le Peuple français
— disaient les Allemands — parce que c'est un
Peuple léger. »

Or, c'est précisément parce que nous sommes
légers que nous finirons bien par vous « avoir »,
hé ! balourds !

Th. B.

# CHANTONS LÉGÈREMENT

Sur l'air de « Ma tunique a deux boutons, Marchons !... ».

Mouvement de marche

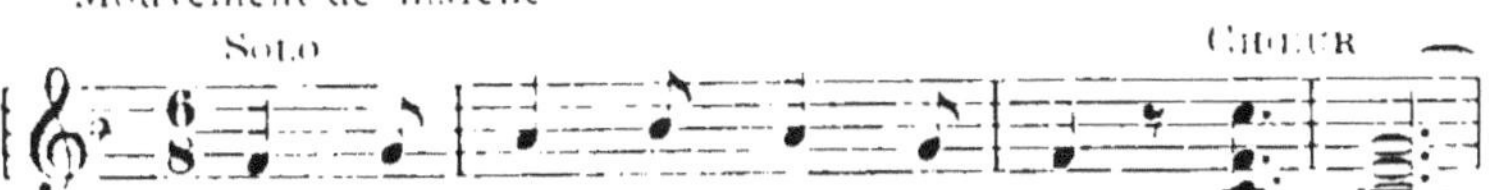

## I

Chantons comme nos Aïeux,
Chantons !
Joyeux et légers comme eux,
Chantons !
Chantons, légère, légère,
Chantons légèrement !　　　} *bis en chœur.*

## II

Rions comme Eux autrefois,
Rions !
Du bon grand Rire gaulois,
Rions !
Rions, légère, légère,
Rions légèrement !　　　} *bis en chœur.*

## III

Et marchons s'il faut marcher :
Marchons !
Pas relevé, pied léger,
Marchons !
Marchons, légère, légère,
Marchons légèrement !　　　} *bis en chœur.*

## IV

Chargeons le Boche ! En avant,
Chargeons !
Au vent, Rosalie [1] ! Au vent !
Chargeons !
Chargeons, légère, légère,
Chargeons légèrement !          } bis en chœur.

## V

Et courons, courons aux loups !
Courons !
Egorgeons-les dans leurs trous !
Courons !
Courons, légère, légère,
Courons légèrement !          } bis en chœur.

## VI

S'il y faut tomber, tombons,
Tombons !
En tombant, nous sourirons :
Tombons !
Tombons, légère, légère,
Tombons légèrement !          } bis en chœur.

## VII

... Mais, comme nous danserons,
Dansons !
Quand, vainqueurs, nous reviendrons,
Dansons !
Dansons, légère, légère,
Dansons légèrement !          } bis en chœur.

[1] Voir dans les « Chants du Bivouac » (mêmes éditeurs) la chanson de *Rosalie*.

## VIII

Jusque-là, Poilus, chantons,
       Chantons !
A la barbe des Teutons,
       Chantons :
Chantons, légère, légère,
       Chantons légèrement !     } *bis en chœur.*

SUR LES ROUTES DU KAISER

# SUR LES ROUTES DU KAISER

Air : « Sur la route de Louviers... ».

Allegretto

## I

Sur la route de Louvain, (*bis*)

Devant Liég' Guillaum's'en vint. (*bis*)

Là, dix-sept jours, (*bis*)  
s'battit les flancs : (*bis*) } *bis*

Il en resta comm'deux ronds d'flan !

*Chœur* { Flan, flan, flan,  
{ Flan, flan, flan..,

## II

Sur la route de Paris, (*bis*)

L'mois suivant, qu'est'-c'-qu'il a pris ? (*bis*)

Il a pris d'Joffre (*bis*)  
deux uppercuts : (*bis*) } *bis*

Dans l'occiput et l'Fon d' son Kluck.

*Chœur* { Kluck, kluck, kluck,  
{ Kluck, kluck, kluck...

## III

Sur la route de Nancy (*bis*)

Il cria : «Nancy, c'coup-ci, (*bis*)

«Cette bataille (*bis*)  
«faut qu'tu la perdes ! » (*bis*) } *bis*

L'Grand-Couronné répondit : Mange !

*Chœur* { Mange, mange, mange,  
{ Mange, mange, mange !...

## IV

Sur la route de Calais (*bis*)
Il dit : « J' vas bouffer l'Anglais ! » (*bis*)
    Mais sur l'Yser, (*bis*)   } *bis*
    son coup manqué, (*bis*)}
Le v'là bloqué sur l'bord du quai !
*Chœur* { Quai, quai, quai,
       { Quai, quai, quai...

## V

Sur la rout'de Pétrograd (*bis*)
Il s'avance au pas d'parad' : (*bis*)
    L'agence Wolf (*bis*)   } *bis*
    qui ne ment point (*bis*)
L'a cancané dans tous les coins :
*Chœur* { Coin, coin, coin,
       { Coin, coin, coin !...

## VI

Sur la rout'de son troupeau (*bis*)
Que nous reste-t-il ? La peau ! (*bis*)
    Laissons-le paître (*bis*)   } *bis*
    nos champs herbus : (*bis*)
Quand il s'ra mort, il n'paîtra plus !
*Chœur* { Plus, plus, plus,
       { Plus, plus, plus !...

## VII

Sur les routes du Kaiser (*bis*)
Mettons-nous tous en travers (*bis*)
    Son fils et lui (*bis*)   } *bis*
    cré nom de nom ! (*bis*)
Les lâch'rons-nous quand nous les t'nons ?
*Chœur* { Non ! non ! non !
       { Non ! non ! non !

### VIII

Sur la route de Strasbourg (*bis*)
Poussons-les à notre tour : (*bis*)
    Nous leur ferons (*bis*) } *bis*
    repasser l'Rhin, (*bis*) }
La « Rosalie » au creux des reins !
*Chœur* } Rin, rin, rin,
    } Rin, rin, rin !...

### IX

Sur la route d'Attila (*bis*)
Quand nous crierons : Halte-là ! (*bis*)
    Le Monde entier, (*bis*) } *bis*
    l'voyant occis (*bis*) }
Ne nous dira-t-il pas : Merci ?
*Chœur* { Si ! si ! si !
    { Si ! si ! si !...

### X

Sur la rout' de nos foyers (*bis*)
Alors, couverts de lauriers, (*bis*)
    Quand nous r'viendrons, (*bis*) } *bis*
    quels cris ! quels bonds ! (*bis*) }
Pour les vainqueurs y'aura du bon !
*Chœur* | Bon, bon, bon,
    | Bon !! bon !! bon !!!

# LA PETITE MAMAN

# LA « PETITE MAMAN »

*Musique nouvelle de* THÉODORE BOTREL [1].

[1] Cette chanson, chant seul, ou avec accompagnement de piano, est éditée par G. Ondet, 83, Faubourg Saint-Denis, Paris.

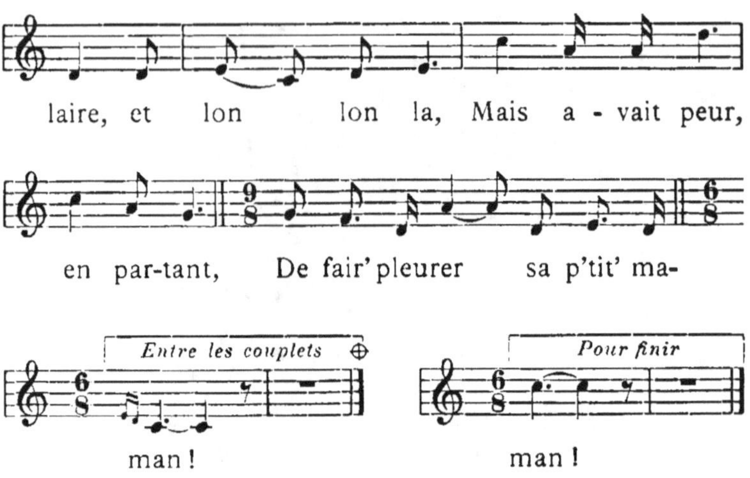


I

Y'avait, chez nous, un p'tit gâs,
— *Et lon lon laire, et lon lon la* —
Y'avait, chez nous, un p'tit gâs
Qu'aurait voulu se fair'soldat...
Mais avait peur, en partant,
— *Et lon lon laire, et lon lon la* —
Mais avait peur, en partant,
De fair'pleurer sa p'tit'maman !

II

Elle était veuve d'un marin,
— *Et lon lon laire, et lon lon la* —
Elle était veuve d'un marin,
Et n'avait plus que ce gamin,
Ce grand câlin de seize ans,
— *Et lon lon laire, et lon lon la* —
Ce grand câlin de seize ans
Qui l'appelait : « Ma p'tit'maman »...

### III

L'gâs soupira tant et tant
— *Et lon lon laire, et lon lon la* —
L'gâs soupira tant et tant
Dans son lit-clos, des nuits durant,
Qu'elle lui dit en souriant,
— *Et lon lon laire, et lon lon la* —
Qu'elle lui dit en souriant :
« Embrass'bien fort ta p'tit'maman ; »

### IV

« Embrass'-moi vite et va-t'en,
— *Et lon lon laire, et lon lon la* —
Embrass'moi vite et va-t'en,
Puisque la France, au « front », t'attend ;
Elle est ta Mère, mon enfant,
— *Et lon lon laire, et lon lon la* —
Elle est ta Mère, mon enfant,
Quand, moi, je n'suis qu'ta « p'tit'maman » !...

# AVEC MES SABOTS

# AVEC MES SABOTS

Sur l'air de « C'était Anne de Bretagne ».

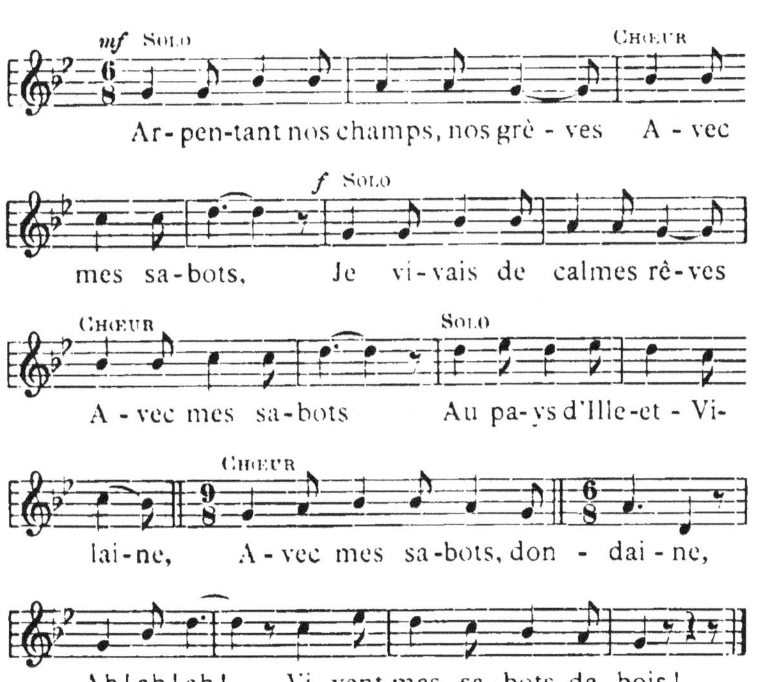

## I

Arpentant nos champs, nos grèves
*Chœur :* Avec mes sabots,
Je vivais de calmes rêves
*Chœur :* Avec mes sabots
Au Pays d'Ille-et-Vilaine
Avec mes sabots, dondaine !
*Chœur :* { Ah ! ah ! ah !
Vivent mes sabots de bois !

## II

Mais la France crie : Aux Armes !
*Chœur :* Avec mes sabots,
Délaissant ma « douce » en larmes,
*Chœur :* Avec mes sabots
Je rallie aussitôt Rennes
Avec mes sabots, dondaine !
*Chœur :* { Ah : ah ! ah !
Vivent mes sabots de bois !

## III

Au dos bouclant ma gamelle
*Chœur :* Avec mes sabots,
Je vole où le Sort m'appelle
*Chœur :* Avec mes sabots :
A la frontière lointaine
Avec mes sabots, dondaine !
*Chœur :* { Ah ! ah ! ah !
Vivent les sabots de bois !

## IV

Et, depuis, dans la tranchée,
*Chœur :* Avec mes sabots,
Dans la boue jamais séchée
*Chœur :* Avec mes sabots

J'ai tenu sans trop de peine
Avec mes sabots, dondaine !
*Chœur :* } Ah ! ah ! ah !
Vivent les sabots de bois !

V

Un soir, les Boches en nombre
*Chœur :* — Avec mes sabots —
Crurent nous cerner dans l'ombre :
*Chœur :* Avec mes sabots
J'en assommai deux douzaines
Avec mes sabots, dondaine !
*Chœur :* } Ah ! ah ! ah !
Vivent mes sabots de bois !

VI

Que sonne l'heure héroïque
*Chœur :* Avec mes sabots
J'arpenterai la Belgique
*Chœur :* Avec mes sabots
Et l'Alsace et la Lorraine
Avec mes sabots, dondaine !
*Chœur :* } Ah ! ah ! ah !
Vivent mes sabots de bois !

VII

Sainte Anne d'Auray me garde :
*Chœur :* Avec mes sabots
Et, de sergent, sans qu'il tarde
*Chœur :* Avec mes sabots
Je deviendrai capitaine
Avec mes sabots, dondaine !
*Chœur :* } Ah ! ah ! ah !
Vivent mes sabots de bois !

## VIII

Puis, vaincue la Prusse immonde,
*Chœur :* Avec mes sabots
Je reviendrai vers ma blonde
*Chœur :* Avec mes sabots
Au pays d'Ille-et-Vilaine
Avec mes sabots, dondaine !

*Chœur :* {     Ah ! ah ! ah !
{ Vivent mes sabots de bois !

## IX

Et, par nos champs et nos grèves,
*Chœur :* Avec mes sabots
Je reprendrai mes doux rêves
*Chœur :* Avec mes sabots
En chantant à perdre haleine
Avec mes sabots, dondaine :

*Chœur :* {    « Ah! ah ! ah !
{ Vivent mes sabots de bois ! »

# LE PETIT PRINCE SOLDAT

« Le Roi des Belges vient d'enrôler au $12^{me}$ de ligne son fils aîné, le jeune Prince Léopold. »

(Les Journaux.)

# LE PETIT PRINCE SOLDAT
### (Ballade.)

Le Roi-Chevalier vient sur la Grand'Place
Présenter son fils à ses compagnons :
« Voici, leur dit-il, l'Espoir de ma Race :
Il tient l'Avenir en ses poings mignons ;
Il a de l'ardeur, aussi du courage :
S'il n'a que treize ans d'hier révolus,
Dites-vous, amis : malgré son jeune âge
La Belgique compte un Soldat de plus ! »

Tout près, sur l'Yser, hurle la bataille :
L'Ennemi s'enfuit tout en tiraillant ;
Mais le jeune « bleu » redresse sa taille
Tant ce bruit convient à son cœur vaillant.

Ah ! pour ses « anciens » l'orgueil n'est pas mince :
Quel joli conscrit parmi ces « poilus » !
Comme frère d'Arme on leur donne un Prince !...
La Belgique compte un Soldat de plus !

Va, petit David, prépare ta fronde !
(En la regardant Goliath rira.)
Fais-la tournoyer ! Qu'elle siffle et gronde !
Lance le caillou : Dieu le guidera !
Atteint en plein « front » le Géant s'arrête ;
Il chancelle, et tombe à demi perclus...
Cours, petit David : tranche-lui la tête !...
...La Belgique compte un Soldat de plus !

ENVOI :

Prince, en regardant la flamme allumée
En tes yeux profonds, clairs et résolus,
Sais-tu ce qu'on dit, de Toi, dans l'Armée ?
« La Belgique compte un Vengeur de plus ! »

(Flandre Belge, 7 avril 1915.)

# LA MESSE AU CAMP

*Au cher Colonel Porte et à ses vaillants Marsouins,
en souvenir d'une Messe aux tranchées de Fon-
taine-les-Cappy (27 juin 1915).*

# LA MESSE AU CAMP

Chanson dialoguée sur l'air de « La Messe en mer »[1].

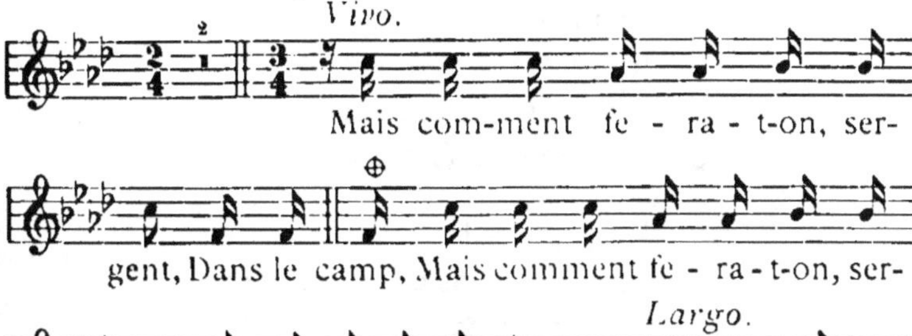

[1] Cette chanson, chant seul, ou avec accompagnement de piano, est
éditée par G. Ondet, 83, Faubourg Saint-Denis, Paris.

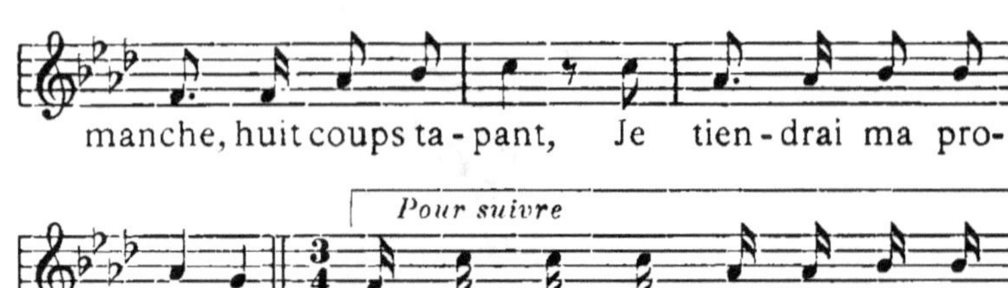

## I

— Mais comment fera-t-on, sergent,
Dans le camp,
Mais comment fera-t-on, sergent,
Pour nous dire la messe?
— Demain dimanche, huit coups tapant,
Je tiendrai ma promesse.

## II

— Un curé, vous croyez, sergent,
Dans le camp,
Un curé, vous croyez, sergent,
En trouver un, peut-être ?
— Ne sait-on pas, au régiment,
Que moi-même suis prêtre ?

## III

— Sans nappe et sans autel, sergent,
Dans le camp,
Sans nappe et sans autel, sergent,
Comment allons-nous faire ?
— Sur un'caiss'd'approvisionn'ment,
Un'bâch'fera l'affaire.

## IV

— La Sainte-Table, alors, sergent,
    Dans le camp,
La Sainte-Table, alors, sergent,
    En plein air sera mise ?
— Vive le plein air quand l'All'mand
    Bombarde les églises !

## V

— Mais comment prévenir, sergent,
    Dans le camp,
Mais comment prévenir, sergent,
    Que le bon Dieu s'approche ?
— Pour sonner, le bon ralliement
    Le clairon vaut la cloche.

## VI

— Mais, pour l'Elévation, sergent,
    Dans le camp.
Mais pour l'Elévation, sergent,
    Où trouver la clochette ?
— Le « soixant'-quinze » au bon moment.
    Servira de sonnette !

### VII

— A ce moment, pas vrai, sergent,
　　Dans le camp,
A ce moment chacun, sergent,
　　S'incline vers la terre ?
— Le front devant Dieu se courbant.
　　Se r'dress'mieux à la guerre !

### VIII

Nous n'avons pas d'orgue, sergent,
　　Dans le camp,
Nous n'avons pas d'orgue, sergent,
　　Et cela nous tracasse...
— Pour orgue, on aura le bon vent
　　Qui souffle de l'Alsace !

### IX

— Nous demand'rons à Dieu, sergent,
　　Dans le camp,
Nous demand'rons à Dieu, sergent,
　　La fin de nos souffrances...
— Ne lui demandez, mes enfants,
　　Que l'Honneur de la France !

# CRUCIFIÉ !

« Les Canadiens se comportent admirablement. Ils sont fous de rage parce qu'ils auraient trouvé un de leurs camarades, un Canadien français, crucifié par les Allemands. Ceci n'est pas un simple racontar, mais un fait réel qu'un général est prêt à certifier. »

*Morning Post.* — Londres, 5 mai.

# CRUCIFIÉ !

*(Sonnet.)*

Un Canadien-Français, blessé, gisait à terre
Sur le bord d'un chemin de halage flamand ;
Son flanc, son front, saignaient ; il râlait doucement,
Ses regards commençant à s'emplir de mystère ;

Il râlait !... C'est alors que, pour le faire taire,
Sur l'ordre d'un brutal feldwebel allemand
On le crucifia, pensant, férocement,
Crucifier, d'un coup, la France et l'Angleterre !

France !... c'est par l'Amour que tu seras sauvée !
Vois : mourant du bonheur de t'avoir retrouvée,
Tes enfants de jadis t'aiment jusqu'à la Croix !

Pour que ta Mission sublime persévère
Le Canada fidèle est là, sur son Calvaire,
Qui tend vers Toi ses bras sanglants... comme autrefois !

# ITALIE, ÉCOUTEZ-MOI DONC !

# ITALIE, ÉCOUTEZ-MOI DONC !

*ou « La dernière Conversation » (par fil spécial de l'Agence Wolf).*

Sur l'air de Bruant [1] : « Mademoiselle, écoutez-moi donc ! »

[1] Publié avec son autorisation.

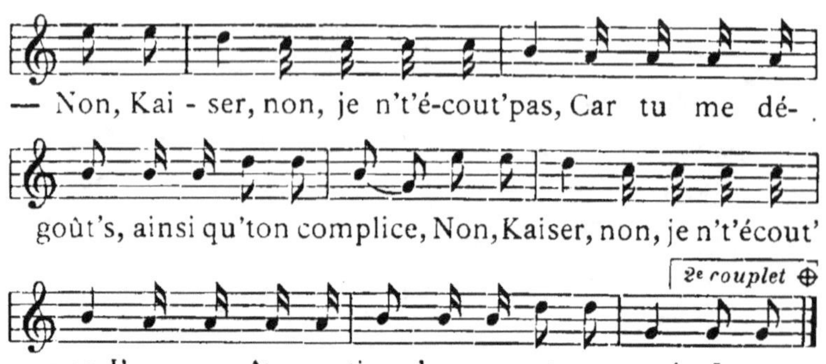


### I

— Italie, écoutez-moi donc,
Ne dénoncez pas notre chèr'Triplice,
Italie, écoutez-moi donc :
Dans votre intérêt, changez d'direction !
— Non, Kaiser, non, je n't'écout'pas
Car tu me dégoût's ainsi qu'ton complice,
Non, Kaiser, non, je n't'écout'pas :
J'veux pas être en tiers dans vos attentats !

### II

— Italie, écoutez-moi donc !
Faisons-nous des chos's tell'ment stupéfiantes ?
Italie, écoutez-moi donc,
Dit's-moi c'qui provoq' votre indignation...
— Non, Kaiser, non, je n't'écout'pas,
J'peux pas avaler tes bomb's asphyxiantes,
Non, Kaiser, non, je n't'écout'pas :
J'peux pas digérer le « Lusitania » !

### III

— Italie, écoutez-moi donc !
Ces procédés d'Guerre ont peu d'importance ;
Italie, écoutez-moi donc !
Quand je s'rai vainqueur on les trouv'ra bons !

Non, Kaiser, je n't'écout'pas :
Quand on a fait Rome, Venise et Florence,
Non, Kaiser, je n't'écout'pas :
On songe à venger Louvain, Reims, Arras !

IV

— Italie, écoutez-moi donc !
J'ai, comm'vous, le cœur plein d'délikatesse ;
Italie, écoutez-moi donc :
Ah ! ne doutez pas de mon affection !
— Non, Kaiser, non, je n't'écout'pas :
J'sais qu'autour du Pô, tu rôdes sans cesse,
Non, Kaiser, non, je n't'écout'pas :
Va, c'est bien en vain que tu me fais du « plat » !

V

— Italie, écoutez-moi donc :
L'Traité Italo-Austro-Germanique,
Italie, écoutez-moi donc,
A côté des nôtr's, porte votre nom !...
— Non, Kaiser, non, je n't'écout'pas !
Ce « chiffon d'papier », comm'celui d'Belgique,
Non, Kaiser, non, je n't'écout'pas !
Ce « chiffon d'papier », tu le déchir'ras !

VI

— Italie, écoutez-moi donc !
Afin d'vous prouver combien je vous aime,
Italie, écoutez-moi donc :
J'vous donn'rai l'Trentin... et ses environs !
— Non, Kaiser, non, je n't'écout'pas,
Quand j'veux quelque chos', je me sers moi-même ;
Non, Kaiser, non, je n't'écout'pas,
J'ai des bons marins et des bons soldats !

## VII

— Italie, écoutez-moi donc !
Sans vous, j'm'en irais d'déveine en déveine,
Italie, écoutez-moi donc :
Avec vous, j'couch'rais sur mes positions !...
— Non, Kaiser, non, je n't'écout'pas ;
Le lait de la Louve bouillonne en mes veines,
Non, Kaiser, non, je n't'écout'pas,
La fille de César n'aime pas Attila !...

## VIII

— Italie, écoutez-moi donc !
Je vais vous passer au fil de l'épée,
Italie, écou...

*(Le fil est coupé.)*

# RÉSURRECTIONS !

# RÉSURRECTIONS !

## (*Sonnet.*)

Le Christ était cloué sur le vieux mur gothique,
En son Geste éperdu de tendre affliction,
Quand un obus, soudain, perçant la voûte antique
A brisé le gibet de la Rédemption ;

Et le Dieu délivré, dans un grand vol oblique
Semble ascensionner le Ciel sur un rayon.
Car la mitraille a fait — miracle symbolique —
De ce Crucifiement, la Résurrection !

O ma France ! tes bras, aussi, vont se détendre,
Tes bras crucifiés de l'Alsace à la Flandre,
Et le sort de Jésus demain sera ton sort ;

La Rage de la Horde en vain sur Toi s'excite :
Quand elle croit t'abattre elle te ressuscite
Te donnant, comme au Christ, un immortel essor !

(Marquevillers [Somme], juin 1915.)

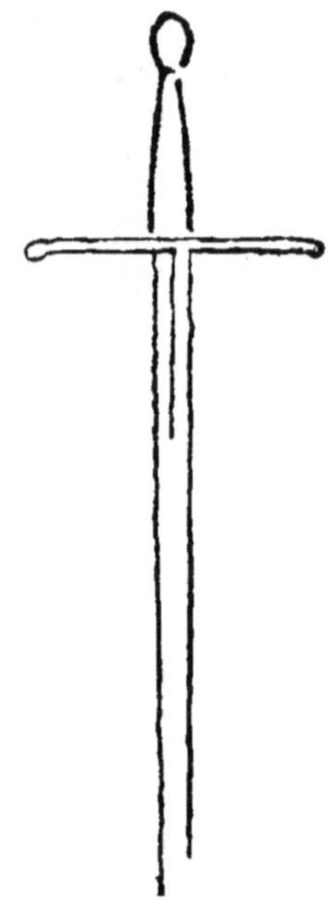

# DANS LA BOUE...

# DANS LA BOUE...

Sur l'air de « La brigue don daine » [1].

Allegretto

[1] La musique d'accompagnement est éditée par M. Emile Benoit, 73, Faubourg Saint-Martin.

I

Ainsi que des p'tits can'tons,

Chœur : { La digue, digue, digue,
         { La digue, digue, don,

Sans répit nous barbotons

Chœur : { La digue, digue, digue,
         { La digue, digue, don,

Depuis de longues semaines,

Chœur : La brigue dondaine,

Plus souvent couchés qu'debout,

Chœur : { Dans la boue,
         { Dans la boue !

II

Lorsqu'aux tranchées nous allons,

Chœur : { La digue, digue, digue,
         { La digue, digue, don,

Dans la nuit nous nous coulons,

Chœur : { La digue, digue, digue,
         { La digue, digue, don,

Nous engluant la bedaine,

Chœur : La brigue dondaine,

Ou bien glissant jusqu'au cou

Chœur : { Dans la boue !
         { Dans la boue !

### III

Nous y cassons le croûton,

*Chœur :* { *La digue, digue, digue,*
{ *La digue, digue, don,*

Y dormons à croupetons,

*Chœur :* { *La digue, digue, digue,*
{ *La digue, digue, don,*

La chose n'est pas malsaine :

*Chœur :* *La brigue dondaine,*

A Dax, on se baigne itou

*Chœur :* { Dans la boue,
{ Dans la boue !

### IV

Et c'est ainsi tout le long,

*Chœur :* { *La digue, digue, digue,*
{ *La digue, digue, don,*

Tout le long, le long du front,

*Chœur :* { *La digue, digue, digue,*
{ *La digue, digue, don,*

Sans jamais reprendre haleine,

*Chœur :* *La brigue dondaine,*

Que nous avons tenu l'coup

*Chœur :* { Dans la boue,
{ Dans la boue !

### V

Le Boche en son abjection

*Chœur :* { *La digue, digue, digue,*
{ *La digue, digue don,*

Trouv'charmant'la position

*Chœur :* { *La digue, digue, digue,*
{ *La digue, digue, don,*

Car il est, ce phénomène,

*Chœur :* *La brigue dondaine,*

Moitié phoque et moitié loup

*Chœur :* { Dans la boue,
{ Dans la boue !

VI

Quand les beaux jours renaîtront,

*Chœur :* { *La digue, digue, digue,*<br>*La digue, digue, don,*

Au soleil nous remont'rons...

*Chœur :* { *La digue, digue, digue,*<br>*La digue, digue, don,*

Mais la Boch'rie inhumaine

*Chœur :*    *La brigue dondaine,*

Pataugera jusqu'au bout

*Chœur :* {    Dans la boue,<br>    Dans la boue !

## VII

Et, quelque jour, nous verrons,

*Chœur :* { *La digue, digue, digue,*
{ *La digue, digue, don,*

Sombrer, avec son patron,

*Chœur :* { *La digue, digue, digue,*
{ *La digue, digue, don,*

Toute la Race Germaine,

*Chœur :*  *La brigue dondaine,*

Sous l'universel dégoût,

*Chœur :* {  Dans la boue,
{ Dans la boue !

(Dans les boues héroïques de l'Yser. — Janvier 1915.)

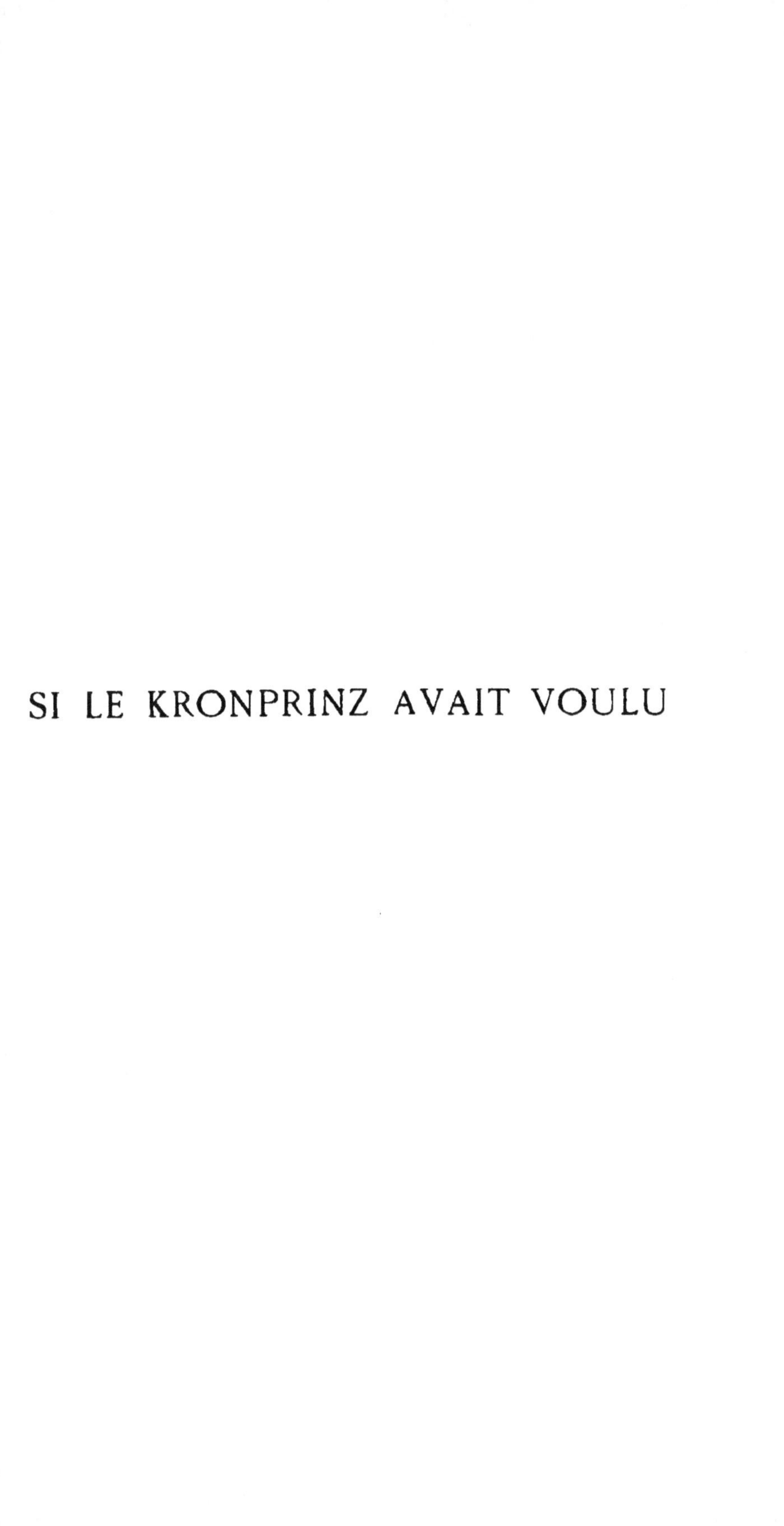

# SI LE KRONPRINZ AVAIT VOULU

# SI LE KRONPRINZ AVAIT VOULU

Sur l'air de « La Garonne », de Nadaud.

I

Si le Kronprinz avait voulu,
      Lanturlu !
Évitant les lenteurs d'un siège
C'est d'assaut qu'il emportait Liége ;
Puis, en quatre jours, ayant pris
Lille, Nancy, Reims et Paris,
Tout pliant devant sa vaillance,
Si le Kronprinz avait voulu,
      (L'euss's-tu cru ?)
En huit jours, il prenait la France !

### II

Si le Kronprinz avait voulu,
   Lanturlu !
Gallia sous sa botte mise,
Il vous enfilait la Tamise
Puis, en deux jours, prenant London,
Cardiff, Dublin — et allez donc ! —
Il avait la Galle et l'Irlande :
Si le Kronprinz avait voulu,
   (L'euss's-tu cru ?)
Albion serait Allemande !

### III

Si le Kronprinz avait voulu,
   Lanturlu !
Revenant chez lui, sans épates,
Il vous dégageait les Karpathes
Et, disait au Tzar : « Quèqu'tu m'off' ?
Dans ton palais de Péterhoff » ;
Et toi, Grand Duc, dans Pétrograde...
Si le Kronprinz avait voulu,
   (L'euss's-tu cru ?)
Ah! que prenais-tu pour ton grade ?

### IV

Si le Kronprinz avait voulu,
   Lanturlu !
Des Balkans, il gagnait l'Afrique,
L'Océanie et l'Amérique
Et, de là, sautait d'un seul bond
Sur la Chine et sur le Japon :
Possesseur de la Mappemonde,
Si le Kronprinz avait voulu,
   (L'euss's-tu cru ?)
Il serait l'Empereur du Monde !

V

Mais le Kronprinz n'a pas voulu,
Lanturlu !
Prendre, à lui seul, toute la Gloire :
« Père, à vous -- dit-il - la Victoire :
» Je préfère rester blotti,
» Me faisant petit, tout petit,
» Moi, dans le fond de ma tannière !... »
Non, le Kronprinz n'a pas voulu,
(L'euss's-tu cru ?)
Humilier Monsieur son père !

# LES BLEUETS

# LES « BLEUETS »

Sur l'air « En revenant de noce ».

### I

Les fiers soldats de France,
Du falzard au képi
Etaient jadis garance :
Ils sont bleus aujourd'hui !

*Refrain en chœur :*

V'là les bleus, les bleus, les bleus,
Les bleuets bleus des champs de France,
V'là les bleus, les bleus, les bleus,
Les bleuets bleus victorieux !

### II

Pour nous rendre invisibles
Sur les lignes de feu
C'est Joffre l'invincible
Qui nous a voués au bleu !

*V'là les bleus...*

### III

Les Poilus bien en forme,
Nos « Terribles Toriaux »,
Sont « bleus » sous l'uniforme
Comme les Bleus nouveaux !...

*V'là les bleus...*

### IV

L'Acier des « Rosalie »
Domine les bleuets :
C'est la moisson fleurie
De célestes reflets !

*V'là les bleus...*

### V

Fuyant à notre approche
Quand nous fondrons sur eux,
Eux aussi les sal's Boches
En resteront tout bleus !

*V'là les bleus...*

### VI

Avec le Belge et l'Russe
L'Anglais alors criera :
A bas le « Bleu de Prusse » :
Le Bleu de France est là !

*V'là les bleus...*

### VII

Quand de la Barbarie
Nous serons les vainqueurs,
Nous verrons la Patrie
Nous couronner de fleurs !

*V'là les bleus...*

### VIII

Les fleurs en avalanches
Fleuriront nos flingots :
Les marguerites blanches
Et les coquelicots !

*V'là les bleus...*

### IX

Et, dans la jeune Aurore,
Notre Armée en lambeaux
Fleurira tricolore
Comme un vivant Drapeau !...

*V'là les bleus...*

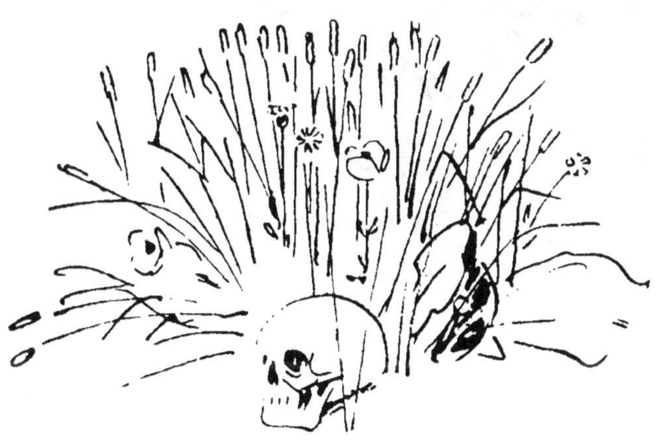

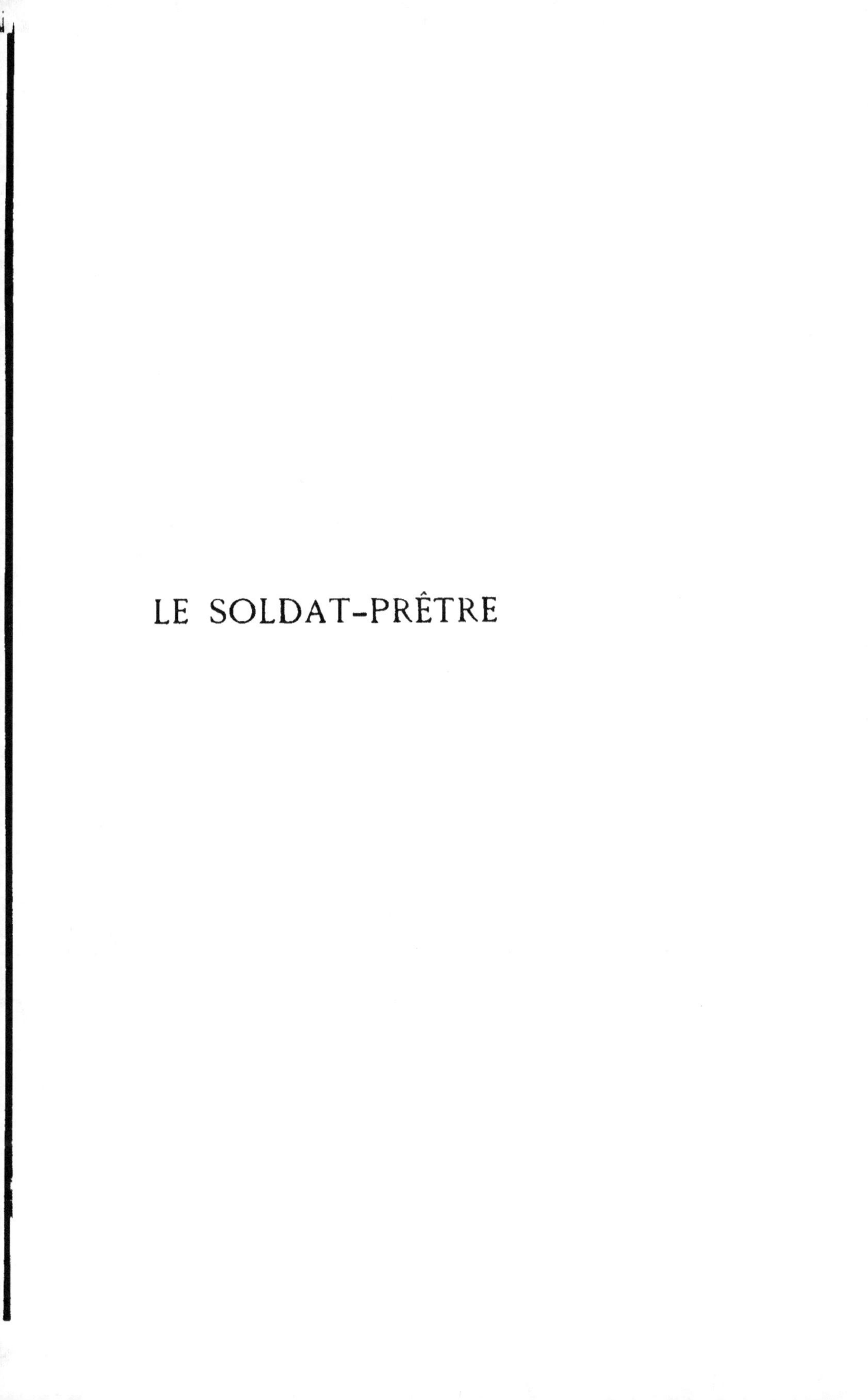

# LE SOLDAT-PRÊTRE

*Au lieutenant-abbé L. F.*
*du 41ᵉ Régiment d'infanterie.*

# LE SOLDAT-PRÊTRE

*(Sonnet.)*

Vicaire en temps de paix d'un gros bourg de Bretagne
Il fut nommé bientôt sergent, puis lieutenant.
L'œil vif, le cuir tanné par un an de campagne
Il est le plus aimé de nos chefs, maintenant.

Notre amitié pour lui cependant s'accompagne
D'un mystique respect, chez beaucoup surprenant :
Son ascendant moral sur ses Poilus y gagne
A l'heure du danger, sous le canon tonnant ;

Quand il crie : En avant ! sa main, d'un geste large,
Nous bénit, nous absout... et nous menons la charge
Plus gaiement d'avoir vu ce grand geste indulgent ;

D'autant mieux que la main tout à l'heure occupée
A nous bénir, brandit, à présent, une épée
Qui, tournoyante, a l'air d'un ostensoir d'argent !

(Au front, sous Arras, juillet 1915.)

# A LA CHASSE AUX LOUPS

# A LA CHASSE
## AUX LOUPS !

Chanson-dialoguée dédiée aux Camarades de l'Argonne.
Sur l'air de « La chasse aux loups », de Botrel [1].

[1] Cette chanson, chant seul, ou avec accompagnement de piano, est éditée par G. Ondet, 83 Faubourg Saint-Denis, Paris.

I

— Le sac au dos, le flingue en mains,
Où partez-vous donc, les « Anciens »,
Laissant vos « Bleus » dans le ravin ?...
— Les « Poilus » ont pris rendez-vous
*(En chœur, à pleine voix) : Tihou hou !*
Pour aller à la chasse aux loups...
*(En chœur, en écho) : Tihou hou hou hou hou !*

II

— Pendant votre heure de repos
Pourquoi donc avez-vous, tantôt,
Si bien graissé vos godillots ?...
— Nous aurons à forcer des loups
*Tihou hou !*
Chaussés de bons souliers à clous...
*Tihou hou hou hou hou !*

III

— Courez-vous donc un grand danger,
Que, tout à l'heur', notre aumônier
Nous a dit : « Veillez et priez... »
— C'est qu'avant de traquer les loups
*Tihou hou !*
Il fait bon se mettre à genoux...
*Tihou hou hou hou hou !*

IV

— Mais, en plus de leurs bons fusils,
Pourquoi tous les chasseurs vont-ils
S'embarrasser de leurs outils ?
— Puisqu'ils sont terrés dans leurs trous,
*Tihou hou !*
Nous allons déterrer les loups...
*Tihou hou hou hou hou !*

V

— Et savez-vous combien ils sont,
Au ras du sol ou bien au fond,
Vous guettant dans le bois profond ?
— Leur nombre importe peu pour nous :
    *Tihou hou !*
Bon chien de race vaut dix loups !...
    *Tihou hou hou hou hou !*

VI

— Dites-moi, l' « Ancien », pourquoi donc
En grand silence vous fait-on
Mettre baïonnette au canon ?...
— Ne sais-tu donc plus que, chez nous,
C'est au couteau qu'on « sert » les loups ?
    *Tihou hou hou hou hou !*

VII

— Bonne chance ! Allons, ça ira !...
Tombés... comme on vous vengera !
Vainqueurs... comme on vous fêtera !
— Quand, la nuit, hurleront les loups,
    *Tihou hou !*
Yaura du bon... pensez à nous !
    *Tihou hou hou hou hou !*
    *Hou !...*

(Tranchées du Four-de-Paris, Argonne.)

# PRINTEMPS DE GUERRE

# PRINTEMPS DE GUERRE

## (Sonnet.)

« Pas de femmes!... »
*(Le Petit Duc.)*

L'heure n'est pas aux madrigaux, mes camarades,
Et l'on sera sévère à ceux-là qui viendront
Chanter, *amoroso*, de tendres sérénades
Au rythme du canon farouche et du clairon :

Mais, sans soupirs amers, mais, sans regrets maussades,
Tous les Poilus que vous consulterez, diront
Que, sans femmes, les jours décidément sont fades
Dans les cantonnements évacués du « front ».

De ce Printemps dix-neuf cent quinze on pourra dire
Qu'il lui manque à la fois l'élégance et le rire
De la promise, et de l'épouse, et de la sœur.

Mais notre sacrifice est rempli de douceur :
N'es-tu pas, entre toutes les femmes, chérie
Toi, la Mère, et l'Epouse, et l'Amante... ô Patrie ?

(Au front, 21 mars 1915.)

# LE DRAPEAU
# DE JACQUES BONHOMME

# LE DRAPEAU DE JACQUES BONHOMME

*Musique de THÉODORE BOTREL* [1].

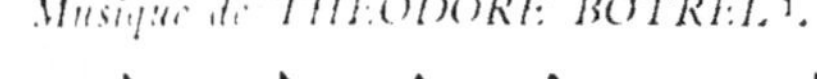

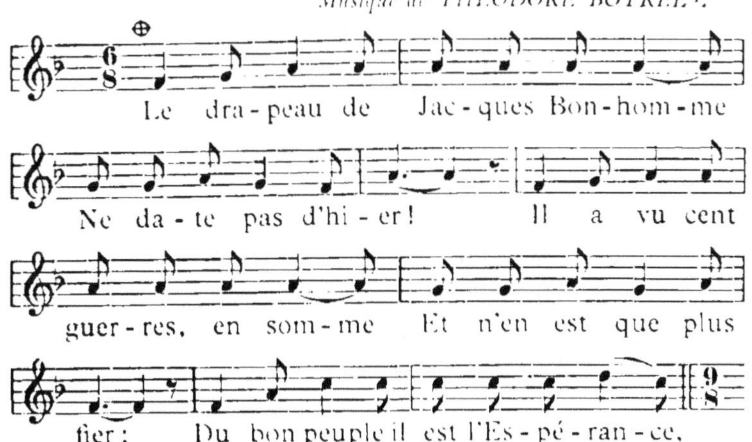


[1] Demander l'accompagnement pour piano à la « Bonne Chanson » 6, place Saint-Sulpice, Paris.

## I

Le Drapeau de Jacques Bonhomme
Ne date pas d'hier
Il a vu cent guerres, en somme,
Et n'est que plus fier :
Du bon Peuple il fut l'Espérance
N'oublions pas cela !...
Flotte, flotte, drapeau de France :
Jacques Bonhomme est là !

## II

C'est Clotilde ou bien Geneviève
Qui nous l'ont, autrefois,
Découpé d'un revers de glaive,
Dans leur manteau gaulois :
Quelque chef aux larges épaules
Le mit à son épieu...
Flotte, flotte, drapeau des Gaules,
Flotte beau drapeau bleu !

### III

Puis ce fut l'heure où la Patrie
   Quoi que fit Duguesclin
Vit venir, dolente et meurtrie,
   Son funèbre déclin...
Quand, soudain, Jeanne-la-Revanche
   La sauva de la mort ;
Flotte, flotte, bannière blanche,
   Aux trois fleurs de lys d'or !   (*bis*)

### IV

Mais, un jour, d'un élan suprême,
   Jacques, plein de fierté,
Dut défendre et sauver lui-même
   Sa jeune Liberté...
Et, la *Marseillaise* à la bouche,
   Il passa, tout puissant !
Flotte, flotte, drapeau farouche,
   Rouge de notre sang !   (*bis*)

### V

C'est ainsi — que nul n'en ignore ! —
   Amis, qu'aux anciens jours
Le Drapeau devint tricolore
   En sauvant nos Amours ;
Jusqu'au bout, jurons de le suivre
   Sans crainte d'en souffrir...
Flotte, flotte ! nous saurons vivre
   Et nous saurions mourir :
   Pour Toi, vivre et mourir !

# LA VIERGE
# DU CLOCHER D'ALBERT

# LA VIERGE DU CLOCHER D'ALBERT

### (Sonnet.)

*Dédié aux Mères Françaises.*

Du sommet du clocher, dans la lumière blonde,
La Vierge rayonnait sur tous les alentours
Et — nous offrant, de loin, pour le salut du Monde
Son Jésus bras en croix — bénissait nos labours.

Le Vandale arriva soudain ; sa horde immonde
Bombarda nos beffrois, nos clochers et nos tours...
Mais la Vierge — ô Bonté qui semblait sans seconde —
En chancelant nous tend son Fils, encor, toujours !

Or, son Geste est le vôtre à vous aussi, Françaises :
Après tant, tant de jours cruels, de nuits mauvaises,
Quand même n'auriez-vous qu'un enfant pour soutien,

Chancelantes, le cœur broyé, le front sévère,
En lui montrant la France en pleurs sur son Calvaire
Vous lui criez : « Va, monte, ô mon fils, et meurs bien ! »

(Albert, 14 mai 1915.)

# IL PLEUT,

# IL PLEUT DES BOMBES !...

# IL PLEUT, IL PLEUT DES BOMBES !...

Sur l'air de « Il pleut, il pleut, bergère ».

*A la petite Denise Cartier.*

*« Ma chère enfant ; je reviens d'Ypres-la-Bombardée où j'ai passé d'inoubliables instants au milieu de quelques régiments de héros, réunis pour entendre mes humbles chansons, dans l'église Saint-Jacques, seul monument hier encore à peu près debout dans la pauvre cité mutilée. Pour estrade, j'avais les débris de l'autel, parmi lesquels, en me retirant, je découvris le petit morceau de sculpture que je me permets de vous offrir. C'est une aile d'ange. Car, aux cris de : « Gott mit uns ! », les « Barbares » (et vous en savez quelque chose !) s'amusent à fracasser les ailes des chérubins.*

*» Je joins à cette relique — dûment authentifiée — une petite chanson que je vous dédie en témoignage de ma respectueuse admiration pour votre vaillance et aussi — et surtout — de ma dévouée affection. »*

### I

Il pleut, il pleut des bombes
(Et boum ! et bon ! badaboum et bon !)
Il pleut, il pleut des bombes :
Rentrons à la maison
Zon, zon !
Rentrons à la maison...

### II

... Car c'est la Mort qui tombe
(Et boum ! et bon ! badaboum et bon !)
Car c'est la Mort qui tombe
Du haut des avions...

### III

... Des avions infâmes
(Et boum ! et bon ! badaboum et bon !)
Des avions infâmes
Aux doux noms de « pigeons »...

### IV

... Qui mitraillent les femmes
(Et boum ! et bon ! badaboum et bon !)
Qui mitraillent les femmes
Avec leurs enfançons !...

### V

Ah ! que veux-tu que dise
(Et boum ! et bon ! badaboum et bon !)
Ah ! que veux-tu que dise
Le Jésus tendre et bon...

### VI

... En voyant, ma Denise,
(Et boum ! et bon ! badaboum et bon !)
En voyant, ma Denise,
Ta mutilation ?...

## VII

Il s'écriera : « Guillaume,
(Et boum ! et bon ! badaboum et bon !)
Il s'écriera : « Guillaume,
» Va-t'en chez le Démon !...

## VII

» Je maudis ton Royaume
(Et boum ! et bon ! badaboum et bon !)
» Je maudis ton Royaume,
» Roi cynique et fripon...

## IX

» Et ta Race cruelle
(Et boum ! et bon ! badaboum et bon !)
» Et ta Race cruelle
» Qui massacre en mon Nom...

## X

» Et mutile les ailes...
(Et boum ! et bon ! badaboum et bon !)
» Et mutile les ailes
» De mes Anges mignons ! »

# JEAN-SAC-AU-DOS

# JEAN-SAC-AU-DOS

*Musique de THÉODORE BOTREL* [1].

1 Cette chanson, chant seul, ou avec accompagnement de piano, est éditée par G. Ondet, 83, Faubourg Saint-Denis, Paris.

### I

— « Quel est donc ton nom, joyeux drille
Qui pars au « front » leste et dispos,
Rose et joli comme une fille ?
— Je n'ai plus de nom de famille ;
Je n'ai qu'un nom : Jean-Sac-au-dos ! »

### II

— « Ayant du bleuet la nuance,
Au milieu des coquelicots
Tu sembles une fleur immense.
— Je suis fleur du Jardin de France ! »
M'a répondu Jean-Sac-au-dos !

### III

— « Songeant à ta mère chérie
Tu dois avoir le cœur bien gros
Et l'âme tout endolorie ?
— Ma mère à moi, c'est la Patrie ! »
M'a répondu Jean-Sac-au-dos !

### IV

— « Je t'ai vu la tête baissée
Au milieu des joyeux propos,
Songeant à quelque délaissée ?...
— C'est Victoire ma fiancée, »
M'a répondu Jean-Sac-au-dos !

### V

— « Guillaume nous nargue et nous jette
Des insultes dans ses journaux ;
Et sa voix est pointue et nette...
— Pas autant que ma baïonnette ! »
M'a répondu Jean-Sac-au-dos !

### VI

— « Certes, mon gâs, la France est Celle
Qu'il faut aimer sans nul repos :
Je veux *vivre* pour La voir belle !
— Moi, je voudrais *mourir* pour Elle ! »
M'a répondu Jean-Sac-au-dos !

# LA MARCHE DES POILUS

## LA MARCHE DES « POILUS »

Sur l'air des « Pioupious d'Auvergne », d'Antonin Louis [1].

Mouvement de marche.

1 Joubert, éditeur, 25, rue d'Hauteville, Paris.

I

Les Français, en guerre,
Sont de vrais poilus.

*Chœur : Poilus !*

La Patrie est fière
De ses chers Poilus.

*Chœur : Poilus !*

Le Boche recule,
Sachant bien qu'ils sont
Costauds comme Hercule
Et comme Samson.

*Chœur :*

V'là les Poilus qui vont sauver la France !
V'là les bons Poilus,
Fiers et résolus !

Bravant la Mort et narguant la Souffrance,
        Les temps révolus,
        Rien n'arrêt'ra plus
            Les Poilus !

                II
        Leurs fameux Ancêtres
        Étaient des poilus, *Poilus !*
        Tout autant peut-être
        Mais pas plus poilus. *Poilus !*
        A l'heure suprême,
        Ils prouv'ront. demain,
        Qu'aucun d'eux, quand même,
        N'a d'poil dans la main !
                *V'là les Poilus !...*
                III
        Les « bleus » se désolent
        De n'pas êtr'poilus, *Poilus !*
        Mais qu'ils se consolent,
        Ces futurs Poilus. *Poilus !*
        Les Conscrits imberbes,
        Dans six mois, seront
        Des Poilus superbes
        Quand ils reviendront !
                *V'là les Poilus !...*
                IV
        Mais, la boue séchée,
        Ohé ! les Poilus ! *Poilus !*
        Hors de la tranchée
        Sautez, les Poilus ! *Poilus !*
        Le « Garde-à-vous » sonne,
        L'drapeau flotte au vent,
        Et Joffre en personne
        Vous crie : En Avant !
                *V'là les Poilus !...*

V

Après la Victoire,
Ah ! mes bons Poilus ! *Poilus !*
Quell's heures de Gloire
Vivront les Poilus !... *Poilus !*
Même si leurs belles
Ne les r'connaiss'nt plus :
« Soyez — diront-elles —
Tous les bien velus ! »

*Dernier refrain :*
« V'là les Poilus qui ont sauvé la France !
« V'là les chers Poilus
« Fiers et résolus ;
« Narguant la Mort et bravant la Souffrance,
« Les temps révolus
« Rien n'arrêta plus les Poilus ! »

# LES MAINS BÉNIES

# LES MAINS BÉNIES

*Musique d'ANDRÉ COLOMB* [1].

[1] Cette chanson, chant seul, ou avec accompagnement de piano, est éditée par G. Ondet, 83, Faubourg Saint-Denis, Paris. (Ces couplets peuvent se chanter également sur l'air des « Petits Chagrins », de Delmet.)

Comme elles sont douces vos mains
Qui nous soignent aux lendemains
        De nos tueries
Quand elles s'empressent vers nous
Avec des frôlements si doux,
        Vos mains d'amies !

Commes elles sont fines aussi
Et si blanches, toutes, et si
        Patriciennes !
Comme elles ont de petits doigts
Courageux, vifs, malins, adroits,
        Vos mains de reines !

Qu'elles sont bonnes quand, le soir,
Nos plaintes montant dans le noir
        Mal étouffées
Et qu'avec des gestes jolis
Elles bordent nos petits lits,
        Vos mains de fées !

Et qu'elles sont tendres encor
Quand, nous disputant à la Mort
        Et de sang teintes,
Elles refont un pansement...
Si doucement... si tendrement...
        Vos mains de saintes !...

... Et c'est pourquoi tant de nos gâs,
Se croyant revenus, là-bas,
        Dans leurs chaumières,
S'endorment en disant : « Maman »
...Tout en serrant, dévotement,
        Vos mains de mères !

# LE PAIN K K

# LE PAIN K K

Sur l'air de la « Chanson des Pommes de terre ».

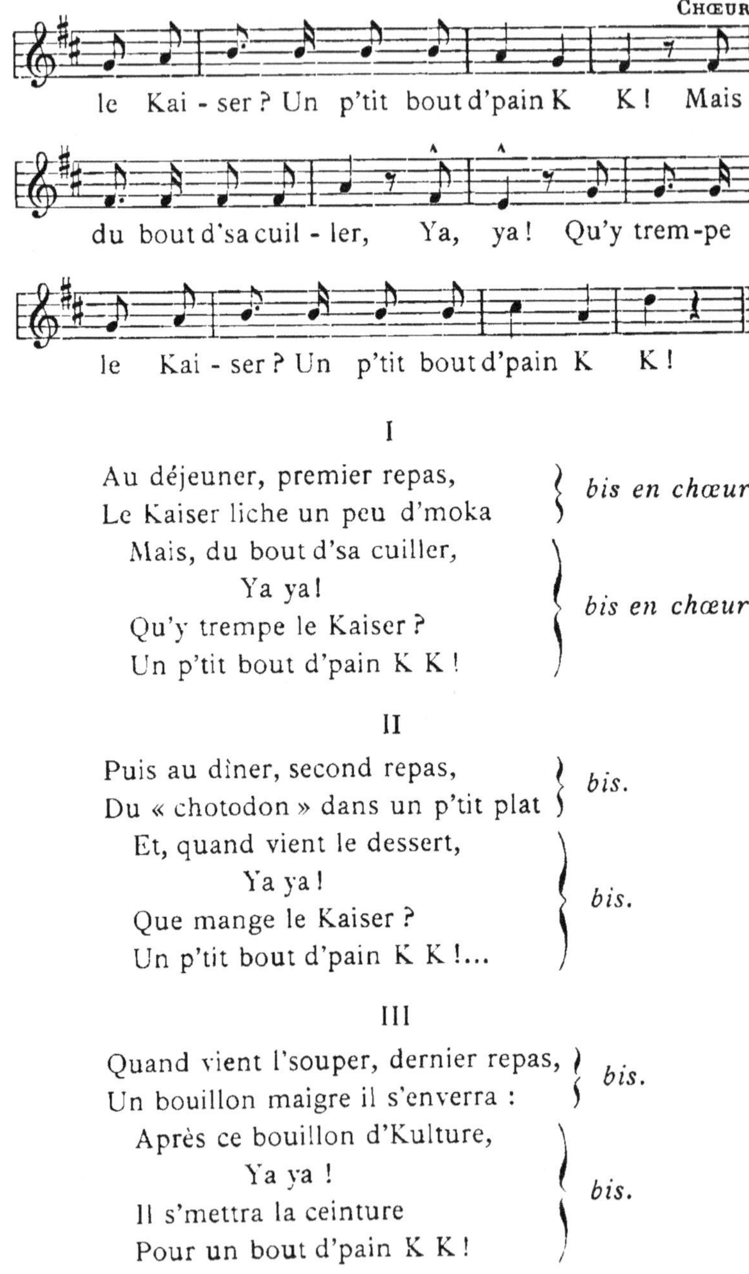


## I

Au déjeuner, premier repas,
Le Kaiser liche un peu d'moka } *bis en chœur.*

Mais, du bout d'sa cuiller,
Ya ya !
Qu'y trempe le Kaiser ?
Un p'tit bout d'pain K K ! } *bis en chœur.*

## II

Puis au dîner, second repas,
Du « chotodon » dans un p'tit plat } *bis.*

Et, quand vient le dessert,
Ya ya !
Que mange le Kaiser ?
Un p'tit bout d'pain K K !... } *bis.*

## III

Quand vient l'souper, dernier repas, } *bis.*
Un bouillon maigre il s'enverra :

Après ce bouillon d'Kulture,
Ya ya !
Il s'mettra la ceinture
Pour un bout d'pain K K ! } *bis.*

### IV

« Des pomm's de terr'pour les cochons ;  
» Les épluchur's pour leurs patrons. »    } bis.

Voilà ce que Guillaume,  
    Ya ya !  
Dispense à son royaume...  
Avec du pain K K !    } bis.

### V

Chez nous, Français, pendant c'temps-là    } bis.  
Tous les civils, tous les soldats

    S'envoient au nez des Boches,  
    Ya, ya !  
De la bonne bidoche  
Avec du pain polka !    } bis.

### VI

Mais les Alliés, si bons copains,    } bis.  
Donn'ront aux Boch's quelques bons pains :

Quelques bons pains exquis,  
    Bien cuits :  
Des p'tits pains de Paris  
Avec des pains Kakis !    } bis.

LA DOULEUR DU DRAPEAU

# LA DOULEUR DU DRAPEAU

*Musique d'ÉMILE SPENCER* [1].

I

C'est moi qui porte le Drapeau
D'un vieux régiment de la ligne :
Pour lui, je risquerais ma peau,
Sans hésiter, au premier signe.

[1] La musique d'accompagnement est éditée par M. Eveillard, Boulevard Magenta.

Depuis quelques temps il me semble
Qu'il n'est plus si fier, ni si beau...
Mais qu'a-t-il donc notre Drapeau ?
On dirait qu'il tremble !

## II

Lorsqu'au-dessus du Régiment
Il plane, ange de la Patrie,
Dans sa grande aile, par moment,
L'ouragan souffle avec furie ;
Et l'on croit entendre à la ronde
Des voix qui sortent du tombeau...
Mais qu'a-t-il donc, notre Drapeau ?
On dirait qu'il gronde !

## III

Riants et chantants nos Poilus
Affrontent, gaiement, la tempête...
Mais l'étendard ne flotte plus :
On dirait qu'il baisse la tête !
Sur mes doigts que sa frange effleure
Je sens tomber des gouttes d'eau...
Mais qu'a-t-il donc notre Drapeau ?
On dirait qu'il pleure !

## IV

Moi qui l'ai connu triomphant,
Son désespoir me désespère :
Je l'aime plus que mon enfant ;
Pour lui, je trahirais mon père !
Aussi, dans un langage étrange,
J'ai confessé le cher lambeau...
Je sais ce qu'il a le Drapeau :
Il veut qu'on le venge !

# DES CHACALS ?...
# NON : DES LIONS !

# DES CHACALS?... NON : DES LIONS !

N'en déplaise à Lamoricière
Vous, les amants de la Lumière,
Champions des clairs idéals,
N'en déplaise à Lamoricière,
Non, vous n'êtes pas des chacals !

Vous êtes des lions splendides,
Fiers, et généreux, et rapides,
Et superbement rugissants :
Vous êtes des lions splendides
Et non des chacals glapissants !

Honneur aux fiers lions d'Afrique
A la crinière magnifique,
Les fiers zouaves résolus :
Honneur aux fiers lions d'Afrique
Ces poilus entre les Poilus !

Gloire aux lions ! Gloire aux zouaves
Pareillement souples et braves
(Le Boche est au chacal pareil !)
Gloire aux lions ! Gloire aux zouaves
Ces libres enfants du soleil !

# LA VICTOIRE DOUBLE, DOUBLE...

## LA VICTOIRE DOUBLE, DOUBLE...

Sur l'air de « La Violette double, double... ».

### I

— Gais « Poilus », vite à l'ouvrage  
Quand le beau temps reviendra !...  *bis en chœur.*
— Notre cœur bondit de rage :  
Le courage en doublera...  
...Le courage en double, double...  
Le courage en doublera !  *en chœur.*

### II

— C'est une rude besogne  
Que l'on vous ordonnera !...  *bis en chœur.*
— Bah ! nous avons rude poigne [1] :  
La besogne on doublera...  
...La besogne on double, double...  
La besogne on doublera !  *en chœur.*

### III

— Ce seront des marches dures  
Que l'on vous demandera !...  *bis en chœur.*
— Nous graisserons nos chaussures :  
Les étap's on doublera...  
...Les étap's on double, double...  
Les étap's on doublera !  *en chœur.*

### IV

— Mais, avant que de se rendre  
L'Ennemi se défendra !...  *bis en chœur.*
— Bah ! de l'Alsace à la Flandre,  
Les bataill's on doublera...  
...Les bataill's on double, double  
Les bataill's on doublera !  *en chœur.*

### V

— Mais le Boche, à votre approche,  
Deux contre un s'élancera !...  *bis en chœur.*

[1] Prononcer pogne.

— Un Français vaut bien deux Boches :
Les « pruneaux » l'on doublera...
...Les « pruneaux » l'on double, double... ) en chœur.
Les « pruneaux » l'on doublera... )

## VI

— Mais, hélas ! par monts et plaines ) bis en chœur.
Plus d'un de vous tombera !... )
— Si nous avons double peine
La Victoire en doublera...
...La Victoire en double, double... ) en chœur.
La Victoire en doublera ! )

## VII

— Après ces luttes cruelles ) bis en chœur.
Comme l'on nous aimera !... )
— Pour indemniser nos belles,
Les baisers l'on doublera...
...Les baisers l'on double, double... ) en chœur.
Les baisers l'on doublera ! )

## VIII

— Et, vaincue la Prusse immonde, ) bis en chœur.
La Patrie vous couronn'ra !... )
—' Pour couronner tout le monde,
Le laurier se doublera...
...Le laurier se double, double... ) en chœur.
Le laurier se doublera ! )

# LA GROSSE BERTHA

# LA GROSSE BERTHA

...Car c'est de ce nom que Krupp a, poéti-
quement, baptisé sa Kolossale pièce de 420.

Sur l'air du « Concierge complaisant », de G. Tiercy [1].

Maestoso Marcato

[1] Cette chanson, chant seul, ou avec accompagnement de piano, est
éditée par G. Ondet, 83, Faubourg Saint-Denis, Paris.

### I

Bertha, forte chanteuse, est native d'Essen...ne,
Mais elle veut briller sur un'plus vaste scène...
    Ah ! badaboum ! badaboum ! badaboum !
Sa voix devant couvrir, dit-elle, et faire taire
Toutes les voix d'Belgique, et d'France, et d'Angleterre :
    Ah ! badaboum ! badaboum ! badaboum !

### II

C'est le Kaiser, Lui-Même, qui l'a ointe et bénite ;
Son Fils, qui la soutient, l'appell' « sa gross'marmite » ;
    Ah ! badaboum ! badaboum ! badaboum !
Vrai, d'orgueil il y a de quoi roter... et, dame !
Quand la Gross'Bertha rote on l'entend d'Rotterdam...me :
    Ah ! badaboum ! badaboum ! badaboum !

### III

La déflagration des gaz est sans pareille :
Y a pas, faut s'boucher l'nez, le bec et les oreilles :
Ah ! badaboum ! badaboum ! badaboum !
Mais l'air et la chanson, entre nous, tout s'explique
Puisque c'est un « Fon d'Kroupp » qui fournit la musique :
    Ah ! badaboum ! badaboum ! badaboum !

### IV

Bluffarde, ell'nous envoie des pruneaux d'une tonne
Supposant que son bluff à la mod'nous étonne :
    Ah ! badaboum ! badaboum ! badaboum !

« Un « entonnoir » de plus ? s'écrient nos Poilus, chouette !
C'est pour la canarder un'tranchée toute faite ! »
      Ah ! badaboum ! badaboum ! badaboum !

### V

Parfois, elle délire et, folle Walkirie,
Elle essaie d'imiter Wagner en sa furie :
      Ah ! badaboum ! badaboum ! badaboum !
Ah ! quel chambard, alors ! Ferme ça, phénomène,
Et soign'ta maladie si qu'elle est wagnérienne !
      Ah ! badaboum ! badaboum ! badaboum !

### VI

Mais, à chanter si fort, elle s'use et s'déforme :
Faut lui r'blinder l'gosier, r'bétonner sa plat'-forme,
      Ah ! badaboum ! badaboum ! badaboum !
Pour couvrir la chanson de nos pièces de Marine
Elle crach'ses poumons et f... l'camp d'la poitrine !
      Ah ! badaboum ! badaboum ! badaboum !

### VII

Un d'nos obus, un soir, lui fêlera la gueule...
A moins qu'elle n'éclate, un matin, toute seule :
      Ah ! badaboum ! badaboum ! badaboum !
Lors, Bertha remettra son Ame musicienne
Aux mains du « vieux bon dieu » de la Race prussienne :
      Ah ! badaboum ! badaboum ! badaboum !

### VIII

Sur le bloc de béton qui s'ra sa pierr'tombale,
L'Europ'fera graver en lettres Kolossales :
      Ah ! badaboum ! badaboum ! badaboum !
« Ci-gît la gross'Bertha qui mourut poitrinaire
» D'avoir voulu... chanter plus haut que son derrière. »
      Ah ! badaboum ! badaboum ! badaboum !

# AROK, BRETONED !...

## AROK, BRETONED !...

Kan-bale neve, savet ha kanet gant Botrel d'hon Kenvroïz a zo d'an Tann
(War dòn « Saò Breiz-Izel », eus a Taldir [1].)

[1] La musique d'accompagnement est éditée par F. Jaffrennou, à Carhaix (Finistère).

### I

Arôk, potred, gant « Rozali » ruziet
Gant goad ar « Boched » miliget ;       } *diou wech.*

Leun a gouraj, lavaromp, laouen :
    Frans da Virviken !                 } *diou wech.*
    Frans da Virviken !

### II

Ar Bleizi lous zo guzet n'o zoullou :
Arôk ebars o « zranchéou » !
Tann ha Kurun war o c'hein melen !
    Frans da Virviken !
    Frans da Virviken !

### III

An Tour d'Auvergne ha Gwesklin zo aman
O nijal ûs hor Rejiman
Evit youc' hal, ive, d'o mipien :
    Frans da Virviken !
    Frans da Virviken !

## IV

Gant pebez joa — achu mad ar Brezel —
Ni adwello hon Breiz-Izel !
Ni gano c'hoas, « euz a bouez hon fenn :
Breiz da Virviken !
Breiz da Virviken ! »


TRADUCTION :

# EN AVANT, BRETONS !...

Chant de marche nouveau, levé, et chanté par Botrel à nos compatriotes
qui sont au Feu.
(Sur l'air « Saô, Breiz-Izel ! » de Taldir.)


## I

En avant, les gâs, avec « Rosalie » rougie — dans le sang
des « Boches » maudits (*bis*) — Pleins de courage, disons,
joyeux : France à jamais ! France à jamais ! (*bis*)


## II

Les sales loups sont cachés dans leurs trous : — En
avant dans leurs tranchées ! — Feu et tonnerre sur leur
échine jaune ! — France à jamais ! France à jamais !


## III

La Tour d'Auvergne et Dugesclin sont ici — planant
au-dessus de notre Régiment — pour crier aussi à leurs fils :
France à jamais ! France à jamais !


## IV

Avec quelle joie, bien finie la Guerre, — Nous reverrons
notre Basse-Bretagne — et rechanterons encore à tue-tête :
« Bretagne à jamais ! Bretagne à jamais ! »

# LE SOURIRE DE MIREILLE

« Toutes les petites patries
» Ont fait leur devoir. »
A. Lefèvre

# LE SOURIRE DE MIREILLE

Dans la montagne et la plaine,
Gîtés sous les noirs sapins,
J'ai vu notre Alsace pleine
De joyeux Chasseurs-Alpins.
Zou !... quand il faut que l'on cogne
Au cours de rudes assauts,
Ils font gaiement leur besogne
Nos « diables bleus » Provençaux !

Sur l'Yser, parmi les braves
De Ronarc'h le fier marin,
J'ai vu rire aux heures graves
Le gai « moco » plein d'entrain.
Zou !... Vive la « galéjade »
Qui déride le Breton !
C'est un fameux camarade
Le fusilier de Toulon !

Fils des Côtes provençales,
C'est l'écho de vos Etés,
C'est la chanson des cigales
— Zou !... que vous nous apportez :
C'est, descendu des Alpilles
Sur un souffle du mistral,
La Gaieté des Roumanilles,
Des Daudets... et de Mistral ;

... C'est le Rire dont Mireille
Saluera son beau Vincent
Quand, le béret sur l'oreille,
Il s'en viendra, rougissant,
D'une main robuste et calme
Et brunie à l'air des camps
Recevoir, d'Elle, la palme
Qui fleurit aux Alyscamps !

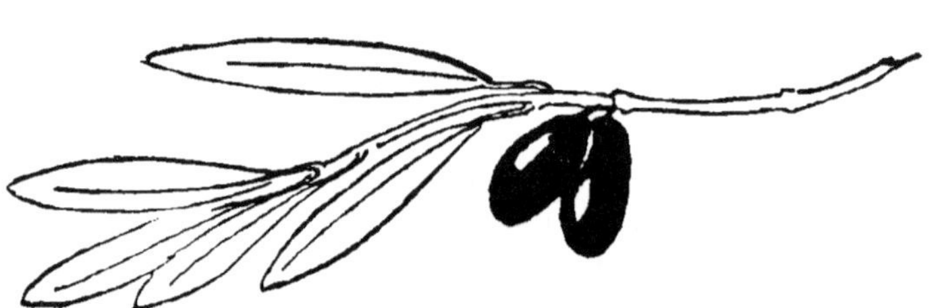

# LES A... É... OU... US ?

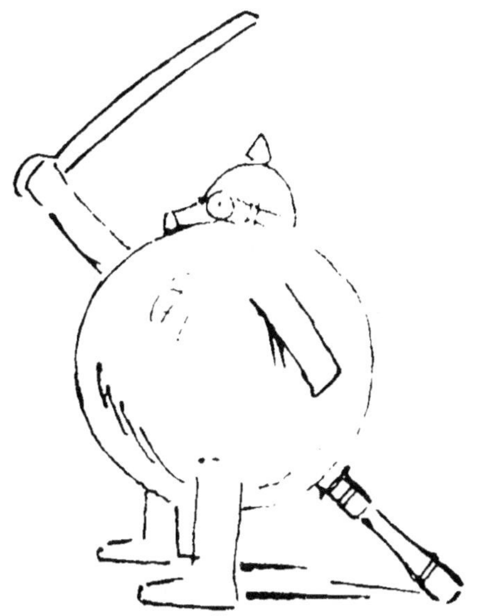

# LES A... É... OU... US ?

Sur l'air de « As-tu vu Bismarck...e, sous les murs de Châtillon ? »

*Parlé :* — L'a... é... ou... u ?
*Tous :* — Qui ça ?
— *Mon Kluck !*

> As-tu vu Fon Kluc... ke
> Avec ses yeux ahuris
> Comme il te reluque
> Mon joli Paris ?

— *L'a... é... ou... u ?*
— *Qui ça ?*
— *Guillaume !*

As-tu vu Guillaume
Menaçant l'exquis Nancy,
N'y gagnant, l'pauvre hômme,
Qu'une esquinancie ?


— *L'a... é... ou... u...*
— *Qui ça ?*
— *L'Kronprinz !*

As-tu vu l'Kronprin... ze
Déboulant dans son terrier
Dès que l'soixant'-quinze
S'permet d'aboyer ?


— *L'a... é... ou... u ?*
— *Qui ça ?*
— *Joseph !*

As-tu vu Joseph... e
S'écriant, vaseux : « N'yen gna,
N'yen gna plus bézè... phe
De mes fiers soldats ? »


— *L'a... é... ou... u ?*
— *Qui ça ?*
— *Hindenbourg !*

Vis-tu l'Hindenbou... gre
Comme il se dékarpatha
Devant les grands bougres
Du duc Nicolas ?

— L'a... é... ou... u ?
— Qui ça ?
— Tirpitz !

As-tu vu Tirpit... ze
Pleurant dans l'canal de Kiel
Comm'le Man-ken-pi... ze
Pleure dans Bruxelles !


— L'a... é... ou... u ?
— Qui ça ?
— Wurtemberg !

As-tu vu... rtember... que
S'enliser jusqu'aux mollets
Un œil sur Dunkerque,
L'autre sur Calais !


— Les a... é... ou... us ?
— Qui ça ?
— Les Boches ?

Va-t'en voir les Boches
Si tu ne les as pas vus
Car les temps sont proches
Où n'y en aura plus !

DANS LA HOULE DES BLÉS

# DANS LA HOULE DES BLÉS



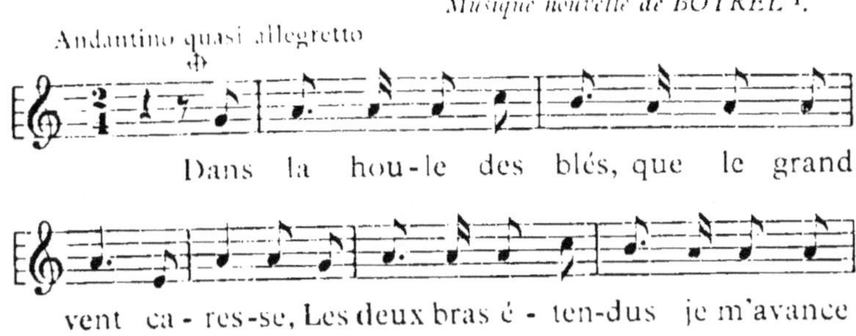

[1] La musique d'accompagnement est éditée par la Librairie de la « Bonne Chanson », 6, Place Saint-Sulpice.

I

Dans la houle des blés, que le grand vent caresse,
Les deux bras étendus, je m'avance à pas lents,
Sans fouler un épi sous mes pieds vigilants :
Dans la houle des blés je rame avec ivresse !

II

Dans la houle des blés, un vieux refrain m'enchante ;
C'est la rude Chanson des aïeux obstinés,
Par qui les premiers champs ont été retournés :
Dans la houle des blés la vieille Gaule chante !

III

Dans la houle des blés, des grands villages proches,
Où les plus tristes fronts se sont un peu levés,
Le deuxième Angélus égrène ses Avés :
Dans la houle des blés j'entends prier des cloches !

IV

Dans la houle des blés, pour les gueux et les riches,
Le soleil cuit déjà le pain blanc, le bon pain
Sans qui l'Humanité disparaîtrait demain :
Dans la houle des blés monte l'odeur des miches !

V

Dans la houle des blés, près du pavot garance,
Se dressent, cocardiers et provoquants un peu,
La pâquerette blanche et le fin bluet bleu :
Dans la houle des blés rit ton Drapeau, ma France !

# SI JE MEURS ICI...

## SI JE MEURS ICI...

Si je meurs ici pour la France,
Mes amis, ne me plaignez pas
Car jamais je n'eus l'espérance
D'un aussi glorieux trépas.

Prenez mon rosaire en ma poche
Afin d'en encercler mes poings...
Si la bombe ou l'obus du Boche
Me les ont respectés, du moins ;

Qu'à côté de moi « Rosalie »
Repose en sa jupe d'airain,
L'arme noble, et claire, et jolie
Dont j'ai l'heur d'être le parrain ;

Dites à ma douce compagne
Que je l'attends chez les Elus,
Là-haut, « dans une autre Bretagne »
Où nous ne nous quitterons plus ;

Remettez-lui ma croix de Guerre ;
En la lui donnant, dites-lui :
« Hier, il ne la méritait guère
» Mais il l'a gagnée aujourd'hui. »

Dans la bonne Glèbe natale
Mettez-moi... quand vous le pourrez ;
Après quoi, sur mon humble dalle
De granit gris, vous graverez :

« Dans son dernier lit-clos de chêne,
» Poète et soldat tour à tour,
» Ici gît un crieur de Haine
» Qui n'avait rêvé que l'Amour. »

(Arras, juillet 1915.)

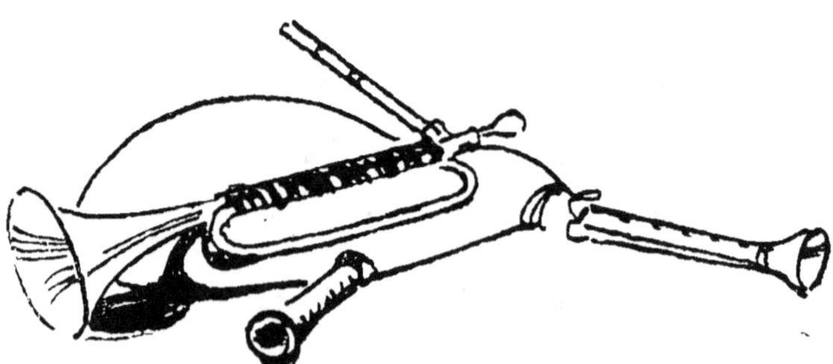

# AU FRONT !

## AU FRONT !

Musique d'ANDRÉ COLOMB [1].

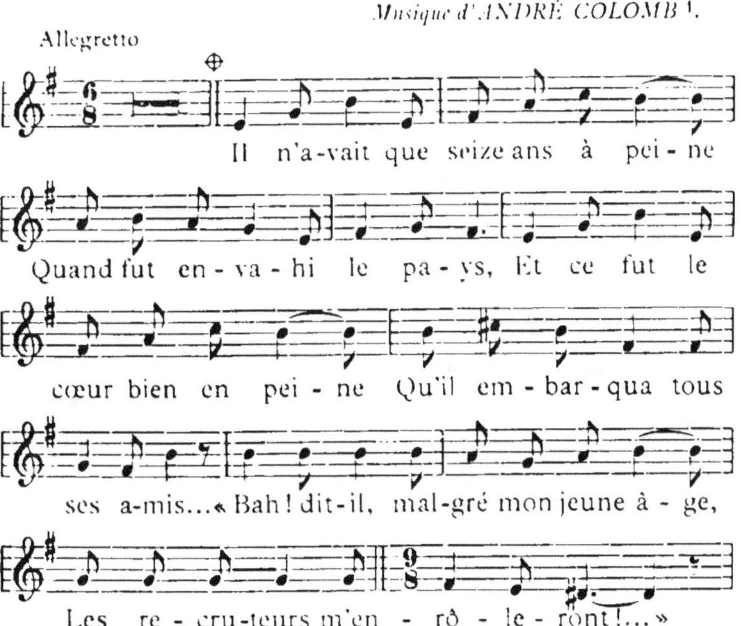


[1] Cette chanson, chant seul, ou avec accompagnement de piano, est éditée par G. Ondet, 83, Faubourg Saint-Denis, Paris.

# I

Il n'avait que seize ans à peine
Quand fut envahi le Pays,
Et ce fut le cœur bien en peine
Qu'il embarqua tous ses amis...
« Bah ! — dit-il — malgré mon jeune âge,
Les recruteurs m'enrôleront !... »
Et l'enfant quitta son village,
Le baiser de sa mère au front...
       Au front!

# II

Vers la Ville, à travers la plaine,
Il s'en allait d'un pas altier,
Quand sa « promise » Madeleine
Parut au détour d'un sentier :
« Adieu ! lui dit la bien-aimée ;
» Que te garde ton saint Patron ! »
Et Jean rallia notre Armée,
Le baiser de sa « douce » au front...
       Au front!

### III

Tout un hiver, dans la tranchée,
Il rongea son frein nuit et jour
Quand, enfin, la terre asséchée,
Il put voir le Boche à son tour :
C'est en chantant, cambrant la taille.
— Tous les amis vous le diront —
Qu'il reçut, en pleine bataille,
Le baiser de la Mort au front...
          Au front !

### IV

Grâce à lui, la « Charge » lancée
Fit triomphantes nos couleurs...
Sa tombe, par l'obus creusée,
Fut, par nous, couverte de fleurs.

. . . . . . . . . . . . . . .

Heureux ceux qui, nimbés de gloire,
Comme lui tombant, recevront,
Au clair matin d'une Victoire,
Le baiser de la France au front...
          Au « Front » !

DUNKERQUE APRÈS REIMS

# DUNKERQUE APRÈS REIMS !...

## I

De Lutèce, le Hun recule :
Elle est sauve encore une fois ;
Attila II s'en venge et brûle
Le baptistère de nos rois.
Un siècle d'Art à chaque bombe
Se craquèle, s'effrite et tombe
Avec un râle, et tout d'un coup !
...Mais dans la Ville ruinée,
Par l'incendie illuminée,
Jeanne d'Arc est encor debout !

## II

Puis le Barbare en sa colère
De se voir barrer le chemin
De Calais... et de l'Angleterre,
Bombarde Dunkerque, de loin.
Tel un brick battu par la houle,
A chaque obus la Ville « roule »
Durant des nuits, durant des jours ;
...Mais, riant de ces canonnades
A son « banc de quart » des Arcades
Jean-Bart veille, debout toujours !

## III

Le passé triomphal nous garde
Et chaque Ancêtre en nous revit ;
Et c'est Lui qui monte la garde
Quand le sommeil nous envahit !
Kaiser-Moloch, Kaiser-Vampire,
Demain croulera ton Empire
Au son vengeur des clairons d'or
Sonnant enfin notre Victoire ;
Debout sur vingt siècles de Gloire,
Vois : la France est vivante encor !

# LE CONVOI DE RAVITAILLEMENT

*Au Maréchal-des-Logis du Train A.-H. Chauvin.*

# LE CONVOI DE RAVITAILLEMENT

Chanson roulante, sur l'air du « Fiacre », de Xanrof [1].

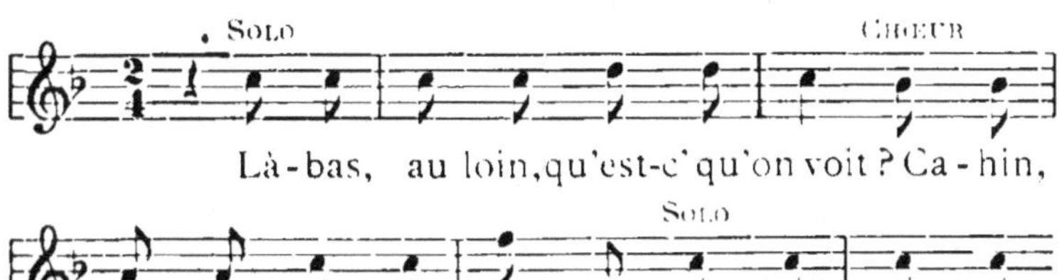


[1] Cette chanson, chant seul, ou avec accompagnement de piano, est éditée par G. Ondet, 83, Faubourg Saint-Denis, Paris.

Là-bas, au loin, qu'est-c'qu'on voit ?
(Cahin-caha, hu dia, hop-là !)
Là-bas, au loin, qu'est-c' qu'on voit ?
Qu'est-ce donc que ce Convoi

Qui se déroule et se tord
(Cahin-caha, hu dia, hop-là !)
Qui se déroule et se tord
Comme un boa constrictor ?

C'est l'Convoi d'Ravitaill'ment,
(Cahin-caha, hu dia, hop-là !)
C'est l'Convoi d'Ravitaill'ment :
En v'là pour deux heur's seul'ment !

Si tu n'es pas trop pressé,
(Cahin-caha, hu dia, hop-là !)
Si tu n'es pas trop pressé,
Assieds-toi, ça va passer :

Admire un peu les tringlots,
(Cahin-caha, hu dia, hop-là !)
Admire un peu les tringlots,
Leurs mulets et leurs chevaux ;

Leurs « voitur's de livraison »,
(Cahin-caha, hu dia, hop-là !)
Leurs « voitur's de livraison »
Sortant des meilleur's Maisons ;

Pige-moi leurs omnibus,
(Cahin-caha, hu dia, hop-là !)

Pige-moi leurs omnibus
Et leurs camions-autobus !

Yen a de tout's dimensions,
(Cahin-caha, hu dia, hop-là !)
Y en a de tout's dimensions
Et de toutes les régions :

Ceux d'Bretagne et du Poitou,
(Cahin-caha, hu dia, hop là !)
Ceux d'Bretagne et du Poitou,
Ont des airs naïfs comm'tout ;

Ceux de Nice et de Menton
(Cahin-caha, hu dia, hop-là !)
Ceux de Nice et de Menton
Sent'nt le mimosa, dit-on ;

Ceux de Marseille et de Lyon,
(Cahin-caha, hu dia, hop-là !)
Ceux de Marseille et de Lyon
Embaument l'ail et l'oignon ;

Ceux d'Auvergne et du Berry,
(Cahin-caha, hu dia, hop-là !)
Ceux d'Auvergne et du Berry
Ont l'air encore ahuri ;

Ceux de Paris, plus fringants,
(Cahin-caha, hu dia, hop-là !)
Ceux de Paris, plus fringants,
Ont des p'tits airs arrogants...

Pourtant, ceux du *Bon-Marché*
(Cahin-caha, hu dia, hop-là !)
Pourtant, ceux du *Bon-Marché*,
Sont des étals de boucher ;

Cependant, ceux du *Printemps*,
(Cahin-caha, hu dia, hop-là !)
Cependant, ceux du *Printemps*
Sont remplis d'haricots blancs ;

Pourtant ceux du *Louvre* sont...
(Cahin-caha, hu dia, hop-là !)
Pourtant ceux du *Louvre* sont
Remplis de boules de son ;

Ceux de la *Place Clichy*
(Cahin-caha, hu dia, hop-là !)
Ceux de la *Place Clichy*
Sont pleins de macaroni ;

...Mais, tout à coup, patatras !
(Cahin-caha, hu dia, hop-là !)
Mais, tout à coup, patatras !
V'là l'Convoi dans l'embarras :

D'un camion de chez *Potin*,
(Cahin-caha, hu dia, hop-là !)
D'un camion de chez *Potin*
La roue casse avec potin ;

Un camion des *Trois-Quartiers*,
(Cahin-caha, hu dia, hop-là !)
Un camion des *Trois-Quartiers*
Se brise en quatre quartiers :

Un de la *Bell'Jardinière*,
(Cahin-caha, hu dia, hop-là !)
Un de la *Bell'Jardinière*,
S'enlize au fond d'une ornière ;

La *Samaritaine* — aïe donc ! —
(Cahin-caha, hu dia, hop-là !)
La *Samaritaine* aïe donc ! —
S'emboutit dans *Pygmalion ;*

Un vieux *Pont-Neuf* aplatit,
(Cahin-caha, hu dia, hop-là !)
Un vieux *Pont-Neuf* aplatit
Un malheureux *Gagn'-Petit !...*

On répare... et l'on repart
(Cahin-caha, hu dia, hop-là !)
On répare... et l'on repart
Avec une heur' de retard ;

Malgré la pluie et le vent,
(Cahin-caha, hu dia, hop-là !)
Malgré la pluie et le vent,
La boue, la neige, en avant !...

Roulant, sacrant, nuit et jour,
(Cahin-caha, hu dia, hop-là !)
Roulant, sacrant, nuit et jour,
Le bon tringlot va toujours

Pour que les « gâs des tranchées »
(Cahin-caha, hu dia, hop-là !)
Pour que les « gâs des tranchées »
Aient à boire et à manger...

Aussi, crions, mes amis,
(Cahin-caha, hu dia, hop-là !)
Aussi, crions, éblouis :
« Vive le Royal-Cambouis ! »

# LA CRÈVE AUX BOCHES

# LA CRÈVE-AUX-BOCHES

Sur le vieil air populaire de « La Vigne au vin : La voilà, la Jolie
Vigne ! »

I

Dans la tranchée...
La voilà, la joli' tranche :
Tranchi, trancho, tranchons le Boche ;
La voilà, la joli' tranche aux Boches,
La voilà, la joli' tranche !

II

...Je prends mon flingue...
Le voilà, le joli flingue :
Flingui, flinguo, flinguons le Boche :
Le voilà, le joli flingue aux Boches,
Le voilà, le joli flingue !

III

Je vise et tire !...
La voilà, la joli' tire :
Tiri, tiro, tirons le Boche ;
La voilà, la joli' tire aux Boches ;
La voilà, la joli' tire !

IV

Mitraille, fauche !...
La voilà, la joli' fauche :
Fauchi, faucho, fauchons le Boche ;
La voilà, la joli' fauche aux Boches,
La voilà, la joli' fauche !

V

Grenade, roule !...
La voilà, la joli' roule :
Rouli, roulo, roulons le Boche ;
La voilà, la joli' roule aux Boches,
La voilà, la joli' roule !

VI

Cisaille, coupe !...
La voilà, la joli' coupe :

Coupi, coupo, coupons le Boche ;
La voilà la joli' coupe aux Boches,
La voilà la joli' coupe !

## VII

Rosalie, charge !...
La voilà, la joli' charge :
Chargi, chargeo, chargeons le Boche ;
La voilà, la joli' charge aux Boches,
La voilà, la joli' charge !

## VIII

Je pare et pointe...
La voilà, la joli' pointe :
Pointi, pointo, pointons le Boche ;
La voilà, la joli' pointe aux Boches,
La voilà, la joli' pointe !

## IX

Je pousse et perce...
La voilà, la joli' perce :
Perci, perço, perçons le Boche ;
La voilà, la joli' perce aux Boches,
La voilà, la joli' perce !

## X

Il gueule et tombe...
La voilà, la joli' tombe .
Tombi, tombo, tombons le Boche ;
La voilà, la joli' tombe aux Boches,
La voilà, la joli' tombe !

## XI

Tu veux ma Terre ?
La voilà, la joli' Terre :
Terri, terro, terrons le Boche :
La voilà, la joli' Terre aux Boches,
La voilà, la joli' Terre !

## XII

Que tous en bouffent...
La voilà, la joli’ bouffe :
Bouffi, bouffo, bouffons le Boche ;
La voilà, la joli’ bouffe aux Boches,
La voilà, la joli’ bouffe !

## XIII

... Et qu’ils en crèvent !...
La voilà, la joli’crève :
Crevi, crevo, crevons le Boche ;
La voilà, la joli’ Crève-aux-Boches,
La voilà, la joli’ Crève !

LE REFRAIN DU 41<sup>me</sup>

# LE « REFRAIN » DU 41ᵐᵉ

« On m'assassine,
» Ma p'tit'cousine :
» Au s'cours ! !
» Au s'cours ! »
(Refrain du 41ᵐᵉ.)

Allegro marziale

*Musique de THÉODORE BOTREL* [1].

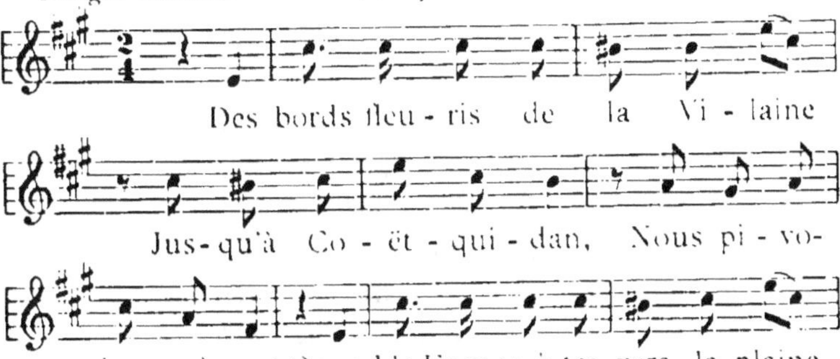


[1] Musique d'accompagnement à la « Lyre bretonne », 83. Faubourg Saint-Denis, Paris.

Des bords fleuris de la Vilaine
Jusqu'à Coëtquidan
Nous pivotions gaiement
Quand la France, à travers la plaine
Nous cria, toute en pleurs :
« Au secours, ou je meurs !
» On m'assassine !
» On m'assassine !

» Hardi, les gâs ! Vaillants soldats,
    » Tous au combat !»
    Quand par la Ville,
    Quand par la Ville,
A retenti ce refrain-là,
    On dit : Voilà
    Le 41 qui défile !

## II

Et ce fut le départ de Rennes
    Dans les chants et les cris,
    Tous les fusils fleuris
Durant qu'en Alsace, en Lorraine,
    La France, hélas ! toujours
    Nous criait : « Au secours !
    » On m'assassine !
    » On m'assassine !
» Hardi, les gâs ! Vaillants soldats,
    » Tous aux combats ! »
    Quand dans l'espace,
    Quand dans l'espace
A retenti ce refrain-là,
    On dit : Voilà
    Le 41 qui passe !

## III

Puis ce fut la « Charge » qui sonne,
    La Marne et les Essards,
    La Sambre et ses brouillards ;
Ce fut Reims, et ce fut Craonne,
    Et Neuville, et l'Yser,
    Arras et Chantecler !
    « On m'assassine !
    » On m'assassine ! »

La France a dit : « Merci, mes bons
» Soldats bretons !
» D'un souffle large,
» D'un souffle large,
» Quand retentit ce refrain-là,
« J'ai dit : Voilà
» Le 41 qui charge ! »

IV

Lorsque finira la campagne
(Boches boutés dehors,
Bien vengés tous nos morts)
Nous rallierons notre Bretagne,
Fourbus, mais pleins d'entrain
En chantant ce refrain :
« Ma p'tit' cousine,
» Ma p'tit' cousine,
» Et toi, ma femme, et vous, mes vieux,
» Soyez heureux :
» C'est la Victoire,
» C'est la Victoire,
» Que vous rapporte en les lambeaux
» De son Drapeau,
» Le Régiment couvert de Gloire ! »

(Wanquetin, sous Arras, le 25 avril 1915.)

# LE « KAMARAD »

# LE « KAMARAD »

Sur l'air de « Briquemolle et son camarade » [1].

[1] E. Benoit, éditeur, Faubourg Saint-Martin, Paris.

« Rentrant de patrouill', l'aurore étant proche,
Je m' trouv' nez à nez avec un grand Boche…
J' fus tell'ment saisi que j'en restai coi :
Le « Kamarad » fit la mêm' chos' que moi!

Comm' je ne suis pas un foudre de guerre
(Oh ! j' crains pas les coups, mais je n' les aime guère !)
Je me m' mis à trembler de crainte et d'effroi :
Le « Kamarad » fit la mêm' chos' que moi!

Pour bien lui montrer qu' j'étais pacifique
J'étendis le poing d'un geste héroïque
Lançant mon « pétoir [1] » à deux mètr's… ou trois :
Le « Kamarad » fit la mêm' chos' que moi!

Voyant s'approcher mon heure dernière
J' crus l' moment venu de fair' ma prière
En levant aux cieux l' bras gauche et l' bras droit :
Le « Kamarad » fit la mêm' chos' que moi!

Mais l'émotion me donne un' tranchée :
Avisant un' sort' de petit' «feuillée »
J' fis, ma foi, c' qu'on fait dans ce p'tit endroit :
Le « Kamarad » fit la mêm' chos' que moi!

Le cœur plus léger, gardant mes airs dignes,
Lui tournant le dos, j' filai vers nos lignes…
Mais, sur mes talons marchant au pas d' l'oie,
Le « Kamarad » fit la mêm' chos' que moi!

« V'là-z-un prisonnier — que je crie — Capitaine!
« Il n' veut pas m' lâcher… alors… j' vous l'amène. »
Puis, je tournai d' l'œil : y avait-il pas de d' quoi ?
Le « Kamarad » fit la mêm' chos' que moi.

[1] Fusil.

Quand, près de mon Boch', je r'pris connaissance
On m' félicita sur ma grand' vaillance ;
Tout l' mond' rigolait ; moi, j' pleurai d'émoi :
Le « Kamarad » fit la mêm' chos' que moi.

Il a la Croix d' Fer ! Pour qu'on lui confère
Un' pareille affair' quoi qu'il a pu faire ?
P't' être que l' « Kamarad », pour avoir c'te Croix
Fit un prisonnier... la mêm' chos' que moi!

VITRIOL
GAZ

# LETTRE A L'AMBULANCIÈRE

# LETTRE A L'AMBULANCIÈRE

Sur l'air de « La Lettre du Sergent aux Gardes » [1].

Andantino adagio.

[1] Cette chanson, chant seul, ou avec accompagnement de piano, est éditée par G. Ondet, 83, Faubourg Saint-Denis, Paris.

I

« Madame, C'est pour un ami,
Laissé pour mort à l'ennemi,
Que je vous écris cette lettre.
Pardon si ma main tremble un peu,
Mais il s'agit d'un tel aveu,
Qu'il va vous offenser, peut-être :

Mon pauvre ami, dès le début
De l'atroce guerre, ayant eu
Le front meurtri d'un coup de lance,
S'est épris des jolis yeux doux,
Madame, d'une amie à vous...
    ...A l'ambulance!

## II

« Comme il n'était qu'humble sergent,
Que ses pauvres galons d'argent,
Guéri, le replongeaient dans l'ombre,
Souffrant encor, sans dire un mot,
Sur sa demande, au « front », là-haut,
Il s'en alla, le cœur bien sombre ;
Et, depuis lors, au premier rang,
Tour à tour riant et pleurant,
Ne voulant songer qu'à la France,
Il songeait à sa « dame » encor,
En n'espérant que de la Mort,
    La délivrance.

## III

Et la Mort l'exauçant enfin,
A Dixmude, hier, au matin,
Un obus l'étendit à terre...
Et le voici, près de mourir,
Qui rêve, oublieux de souffrir,
A la mignonne Ambulancière :
Il est là, souriant toujours,
Refusant tous soins, tous secours,
Tout près d'entrer en agonie,
Et baisant trois brins de jasmin
Qu'il reçut un jour de la main
    De... votre amie !

## IV

« Mais voici le pauvre garçon,
Tout secoué d'un grand frisson,
Sa voix tremble et son œil se creuse...
— Allons !... c'est la fin... Vite, adieu !
Pour moi, quelquefois, priez Dieu.
Je meurs content... vivez heureuse...
Car le blessé jadis guéri
Est le même qui vous décrit
Son chaste et sanglant petit drame,
Et la « dame » pour qui je meurs,
Dont je baise, en mourant, les fleurs,
    C'est vous, Madame !... »

# LES « SIX JOURS »

# LES « SIX JOURS »

Sur l'air des « Cinq sous » de la *Grâce de Dieu*.

Allegretto

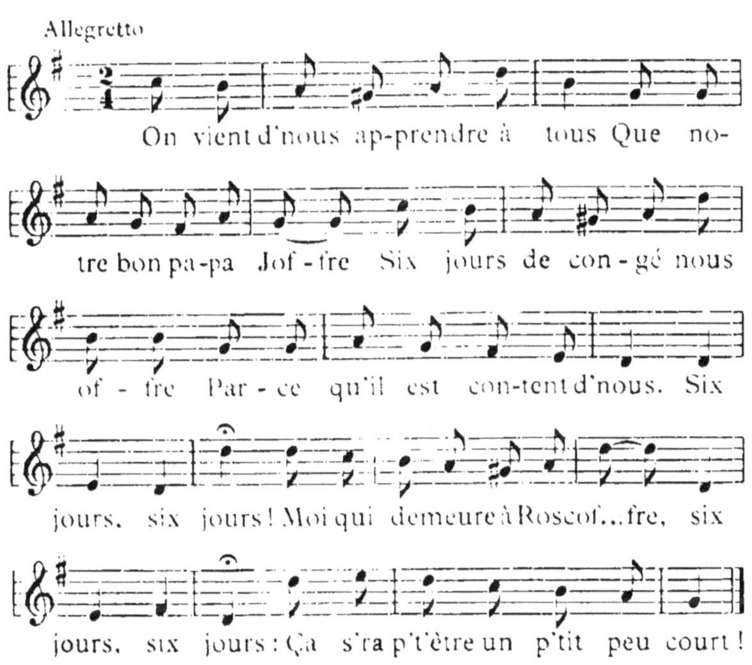

I

On vient d' nous apprendre à tous
Que notre bon « Papa Joffre »
Six jours de congé nous offre
Parce qu'il est content d' nous :
    Six jours ! Six jours !
Moi qui demeure à Roscoff... re
    Six jours ! Six jours :
Ça s'ra p't' être un p'tit peu court !

II

D'autant que pour faire honneur
A la belle Armée de France
Va-z-en falloir un' séance,
Préliminair' chez l' coiffeur !
    Six jours ! Six jours !
Pour s' « dépoiler » en conscience,
    Six jours ! Six jours :
Ça s'ra p't' être un p'tit peu court !

III

Dame, oui, j' s'rais heureux comm' tout
— Ça, je l'avoue sans ment'rie —
De revoir ma p'tit' Marie
Que j'ai pas vue d' puis l' mois d'août :
    Six jours ! Six jours !
Pour embrasser ma chérie,
    Six jours ! Six jours :
Ça s'ra p't' être un p'tit peu court !

IV

Mais son billet de log'ment
Est, à présent, chez sa mère,
Avec qui que j' suis en guerre
Presqu'autant qu'avec l'All'mand !

Six jours ! Six jours !
Pour « grignoter » ma bell'-mère,
    Six jours ! Six jours
Ça s'ra p't' être un p'tit peu court !

### V

Et pour pas fair' de jaloux,
Faudra voir la parentée !
J'en ai toute une tripotée :
Somm's-nous pas cousins tertous ?
    Six jours ! Six jours !
Pour licher trois cents « bolées »
    Six jours ! Six jours :
Ça s'ra p't' être un p'tit peu court !

### VI

Ah ! n' faudra pas, sur le zinc,
Oublier d' mettre à l'étude
(Tâche à la fois douce et rude)
La future Class' 35 ;
    Six jours ! Six jours !
Quand on n'a plus l'habitude,
    Six jours ! Six jours :
Ça s'ra p't' être un p'tit peu court !

### VII

Puis, nous quitt'rons nos « pat'lins »
Pressés — soit dit sans reproches —
De r'voir les tranchées, les Boches,
« Rosalie » et les copains
    Six jours ! Six jours !
— Ne le dit's pas à mes proches ! —
    Six jours ! Six jours :
...Ça n' m'a pas paru trop court !

UNE CROIX DANS LA TRANCHÉE

Au Capitaine de Goulaine.

# UNE CROIX DANS LA TRANCHÉE

Nous suivions la tranchée à vingt mètres des Boches,
Silencieux, le dos voûté, le pied glissant,
Et les canons tapaient, là, près de nous, si proches
Que le vent des obus nous fouettait en passant ;

Nous voyions, à travers les créneaux, La Boisselle,
Son petit cimetière et son îlot brumeux :
Paysage banal qu'un frôlis de ton aile
A fait sublime — ô Gloire ! — et pour jamais fameux ;

Nous bonjourions les gâs bretons du « 19ᵐᵉ »,
A leurs postes d'écoute au bout des longs boyaux ;
On se disait deux mots — « Brezonnek »[1], parfois, même —
Les « tiens bon ! » se croisaient avec les « Kénavos »[2] ;

Quand, tout à coup, je vis, au ras de la tranchée
Une petite croix faite avec deux roseaux,
Croix sans date et sans nom, timidement cachée :
Comme en font les enfants sur les tombes d'oiseaux.

[1] En langue bretonne.
[2] Adieux.

Qui donc était ce mort ? Quand tomba-t-il ?... Mystère !
Il était de ceux-là qu'on note « disparus »
Et qui devant les yeux des remueurs de terre
Sous un coup de leur pic, un soir, sont reparus ;

On ne dérange pas le corps du camarade :
On salue, on se signe et le travail reprend
Si bien qu'il reste encor, là, sous la fusillade,
Soldat jusqu'au delà du tombeau : dans le rang !

*     *     *

Et devant l'humble croix saisi d'un trouble étrange,
Je me sentis jaloux de ce mort radieux
Qui, face à l'Ennemi, dans son linceul de fange,
Dormait le grand sommeil des Héros et des Dieux !

(La Boisselle, 13 mai 1915.)

# LES CUISTOTS

*A mon « matelot » Jobic Mainguy.*

## LES CUISTOTS [1]

Sur l'air de « Cadet-Rousselle ».

Allegro

[1] Les Cuisiniers.

### I

Quand les « cuistots » sont aux tranchées  (*bis*)
Sur nos « derrièr's » ils sont nichés  (*bis*)
Dans des cuisines magnifiques...
A l'instar des préhistoriques :
Ah ! ah ! ah ! oui vraiment
Les « cuistots » sont de bons enfants !

### II

Leur matériel qui n'est brillant  (*bis*)
Que par son absence souvent  (*bis*)
Est noir comme le cœur du Kaiser...re
Ou « celui » de la cantinière :
Ah ! ah ! ah ! oui vraiment
Les « cuistots » sont de bons enfants !

### III

Le bon bouillon, le bon rata  (*bis*)
Jamais l'un d'eux ne les rata ; (*bis*)
Quant aux menus, dame !... et pour cause !
Plus ça chang', plus c'est la mêm' chose !
Ah ! ah ! ah ! oui vraiment
Les « cuistots » sont de bons enfants !

### IV

Les « cuistots » sont des rigolos  (*bis*)
Qui vous dégèl'nt par leurs bons mots : (*bis*)
C'est peut-être ainsi qu'est dég'lée
Par eux la viand' frigorifiée !..,
Ah ! ah ! ah ! oui vraiment
Les « cuistots » sont de bons enfants !

### V

Comm' la premièr' des qualités  (*bis*)
Les force à soigner leur santé  (*bis*)

Ils s'envoient — soit dit sans reproche —
Les meilleurs morceaux d' l' bidoche : [1]
    Ah ! ah ! ah ! oui vraiment
  Les « cuistots » sont de bons enfants !

### VI

Mais voici que l'heure est venue   (*bis*)
D' porter la « tambouille » [2] aux poilus :   (*bis*)
L'un va devant, l'autre à la suite ;
Entre eux se balanc' la marmite !...
    Ah ! ah ! ah ! oui vraiment
  Les « cuistots » sont de bons enfants !

### VII

Une heure, au moins, dans les boyaux   (*bis*)
Vont baladant leurs aloyaux   (*bis*)
Pas moyen d'aller au pas d' charge :
L'air est pur... mais la rout' pas large !
    Ah ! ah ! ah ! oui vraiment
  Les « cuistots » sont de bons enfants !

### VIII

Les obus pleuv'nt un tantinet   (*bis*)
Mais les « marmit's » ça les connait...   (*bis*)
S'il leur survient une aventure
Les Poilus s' mettront la ceinture !
    Ah ! ah ! ah ! oui vraiment
  Les « cuistots » sont de bons enfants !

### IX

Dans les « cagnas » et les « gourbis »   (*bis*)
Ils sont accueillis par ces cris :   (*bis*)
« V'là les « cuistots » : La vie est belle !
Au vent les quarts et les gamelles !
    Ah ! ah ! ah ! oui vraiment
  Les « cuistots » sont de bons enfants ! »

[1] Je n'en pense pas un mot, mais il faut bien taquiner un peu ses amis !    Th. B.

[2] La mangeaille.

## X

— « Adieu « cuistots »! bonsoir chez vous ! »
— Adieu, les « pott' »[1] et gar' là-dessous ! »
Et les « cuistots » sous l' nez des Boch's
S'en retourn'nt les mains dans leurs poches!
  Ah! ah! ah! oui vraiment
Les « cuistots » sont de bons enfants !

## XI

Comme, entre nous, les brav's « cuistots » (*bis*)
Sont des manièr's de p'tits héros, (*bis*)
Au lieu du cordon bleu d' naguère
Qu'on leur donn' celui d' la croix d' guerre!
  Ah! ah! ah! oui vraiment
Les « cuistots » sont de bons enfants !

[1] Les « poteaux » : les amis.

# LE RETOUR DU ROI-HÉROS

Poésie dite par l'auteur au cours de ses auditions
à travers les cantonnements belges : Furnes, Elsendamme,
Alveringhem, Adinkerque, La Panne, etc., etc.

*A S. M. le Roi des Belges.*


# LE RETOUR DU ROI-HÉROS

Sire, la voici terminée
L'Année atroce et nous allons
Au cours de la deuxième année
Mordre l'agresseur aux talons ;

Sire, espérez : l'Aube s'éclaire !
Dieu va crier son : halte-là !
Et laisser tomber sa Colère
Sur le dernier des Attila ;

L'Heure, par le Destin fixée,
Va sonner au cadran fatal
Où la Famille dispersée
Ralliera le Foyer natal ;

Ses murs sont branlants... mais qu'importe !
Chacun retrouvera, joyeux,
Debout sur le seuil de sa porte,
L'Ame fidèle des Aïeux !

Si, carte en main, la voyant fondre,
Quelqu'un dit : la Belgique meurt...
Plaignons ceux qui peuvent confondre
L'étendue avec la Grandeur :

Un Pays jamais ne succombe
Tant qu'il lui reste, après l'assaut,
Un combattant sur une tombe,
Une mère auprès d'un berceau ;

Car, dans le vieux tombeau, sommeille
Tout le grand Passé triomphant,
Pendant qu'en son berceau s'éveille
Et sourit l'Avenir enfant !

*  *  *

Courage, Sire ! L'Heure approche
Où, d'Anvers jusqu'à Charleroi
L'écho pourra, de proche en proche,
Annoncer le retour du Roi !

Dans Bruxelles, Namur et Liége,
Dans Louvain je vous vois rentrer,
Avec l'Ange qui vous protège !...
J'entends votre Peuple vibrer

Et, rugissant la « Brabançonne»,
Escorter le Sauveur aimé,
Doux vainqueur d'une Cause bonne,
Fier vengeur du Droit opprimé ;

Je vois votre fidèle Armée
— Cavaliers, lignards, artilleurs —
Ainsi que vous, Sire, acclamée,
Comme vous couverte de fleurs ;

Et, dans chaque Cité martyre,
Planant sur les Héros vivants,
Je vois tous les Morts vous sourire,
Fiers d'être, par vous, triomphants ;

Et, dans un grand envol magique,
Il me semble entendre déjà
Tous les carillons de Belgique
Lancer à Dieu leur Hosannah !

# « JEAN GOUIN »

« Faites-nous une marche en l'honneur des
» fusiliers-marins ; elle nous manque et nul plus
» que vous n'est qualifié pour chanter les exploits
» de « Jean Gouin ». Car c'est là notre surnom
» préféré. En patrouille, pour nous faire recon-
» naître, au cri de « Qui vive ? » on répond
» « Jean Gouin ! » ; avant de charger, nos offi-
» ciers, eux-mêmes, ne nous disent-ils pas :
« Allons-y, les « Jean Gouin » ?

(Extrait d'une lettre du fusilier-marin
Albert Menguy, du 2ᵉ Bataillon.)

## «JEAN GOUIN» [1]

*Chanson des fusiliers-marins.*

Sur le vieil air si populaire dans la Marine :
« Ils ont bien bourlingué trois ans
Sur le bâtiment sans se reconnaître. »

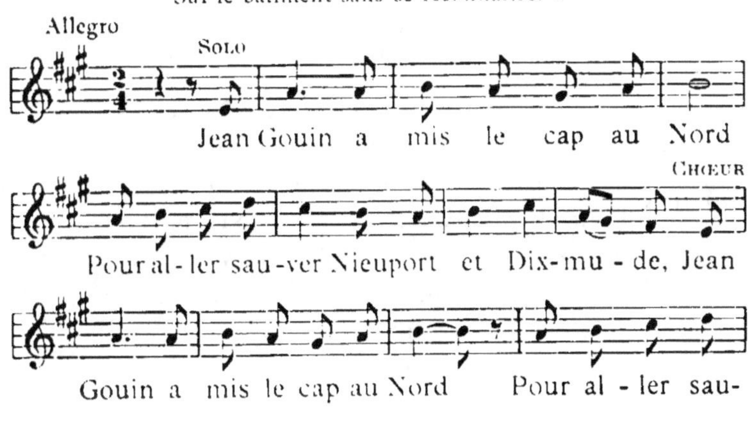



[1] Du breton : Yann-Guinn (Jean-le-Vin).

I

Jean Gouin a mis le cap au Nord
Pour aller sauver Nieuport et Dixmude,

*Chœur* { Jean Gouin a mis le cap au Nord
Pour aller sauver Dixmude et Nieuport;

Là, Jean Gouin, enjôlant la Victoire,
Est entré, tout vivant, dans l'Histoire :
Chez lui, lorsqu'il s'en reviendra
Il se soûlera du vin de la Gloire

*Chœur* { Chez lui lorsqu'il s'en reviendra
Du vin de la Gloire, il se soûlera!

## II

Jean Gouin a cogné tout l'Hiver
Au bord de l'Yser ou bien sur la Dune,
Jean Gouin a cogné tout l'Hiver
Au bord de la Dune ou bien sur l'Yser :
Dans la boue, la neige ou la poussière
Sut toujours s'y bien tirer d'affaire :
A terre, avec un chef aimé,
Ainsi que sur Mé Jean Gouin sait y faire,
A terre, avec un chef aimé,
Jean Gouin sait y faire ainsi que sur Mé.

## III

Sans peur, Jean Gouin court au Pruscot ;
Au bout du flingot, il a « Rosalie »
Sans peur, Jean Gouin court au Pruscot :
Il a « Rosalie » au bout du flingot.
Contre dix et même davantage
Il est seul dans l'horrible carnage :
Arôk ! [1] hardi ! souquons dedans
En grinçant des dents, comme à l'abordage,
Arôk ! hardi ! souquons dedans
Comme à l'abordage, en grinçant des dents !

## IV

Jean Gouin a signé, pour le sûr,
Avec son sang pur l'Entente Cordiale,
Jean Gouin a signé, pour le sûr,
L'Entente Cordiale avec son sang pur ;
Loup de mer se faisant loup de terre,
A Tommy disant : « je suis ton frère »
Lui qui, jadis, battit l'Anglais.
En sauvant Calais sauva l'Angleterre,
Lui qui, jadis, battit l'Anglais,
Sauva l'Angleterre en sauvant Calais !

[1] En avant!

## V

Honneur à vous, les braves gâs
Endormis en tas entre Ypre et Saint-George !
Honneur à vous, les braves gâs
Entre Ypre et Saint-George endormis en tas !
Quant à moi, si je reviens de Guerre,
J'ai promis à ma bonne grand'mère
D'aller — et pieds nus moi j'irai —
A Sainte Ann' d'Auray porter un gros cierge,
D'aller — et pieds nus moi j'irai —
Porter un gros cierge à Sainte Anne d'Auray !

# L'HORATIUS COCLÈS BRETON

*A la vaillante mémoire du Capitaine Le Goaziou (de Dinan) qui, de même que le héros romain au pont de Sublicius, mourut en défendant celui de Stenstraele.*

# L'HORATIUS COCLÈS BRETON

Dans un décor sinistre où notre œil ne distingue
Que des morts dans la fange et des logis sans toits
C'est au bord de l'Yser, en face de Bœsinghe[1],
Que je vis le Héros pour la dernière fois.

Oh ! qu'il était encor d'allure jeune et svelte !
Un ruban glorieux ensanglantait son cœur :
Et je voyais briller dans son œil clair de Celte
Son invincible Espoir en l'Avenir vainqueur.

[1] Prononcer : Bousingue.

J'avais chanté devant son Bataillon, la veille
Et je l'entends toujours si je ne le vois plus,
Car, depuis, j'ai gardé, vibrant à mon oreille,
L'accent dont il me dit : « Merci... pour mes Poilus ! »

Ah ! c'est qu'il les aimait, le brave capitaine,
Ses gâs, ainsi que lui taillés, tous, en plein roc !
Aussi nul ne boudait, en revanche, à la peine :
Quand il criait : « Debout ! », tous répondaient : « Arok[1] ! »

Et pour vaincre ce Preux sans peur et sans reproche,
Stoïque et résolu, toujours le défiant,
Il fallut que, sournois, l'infâme et lâche Boche
Fît ramper jusqu'à lui le gaz asphyxiant !

Tous ses hommes tombés, sur le pont de Stenstræte[2]
Devant mille démons masqués, il est debout :
Il suffoque, il chancelle... et pourtant rien n'arrête
L'Horatius Coclès breton, Le Goaziou.

Prenant son revolver, il vise : il a la joie
De voir six ennemis tomber ; puis, ferme encor,
Il tire alors son sabre ; et le glaive tournoie ;
Et le Héros têtu frappe jusqu'à la mort !

Il croule enfin — ton Nom, douce France, à la bouche —
Le crâne ouvert, mais beau toujours, mais triomphant,
Ayant tenu, jusques au bout, Breton farouche,
Le serment que « jamais *ils* ne l'auraient vivant ».

.  .

Dors, ô Le Goaziou ! Dors, mon bon camarade !
Là-haut, parmi les Preux où tu viens te ranger,
Beaumanoir et Guesclin te donnent l'accolade :
Ici-bas, tes amis jurent de te venger !

[1] En avant !
[2] Prononcer : Schtenstrette.

NOËL A JEANNE !

# NOËL A JEANNE !

*(Hymne.)*

*Musique de* **THÉODORE BOTREL** [1].

[1] La musique d'accompagnement est éditée à la *Lyre bretonne*, 83, Faubourg Saint-Denis, Paris.

I

Qui donc a dit qu'elle était morte
La vierge si douce et si forte
Qui bouta dehors l'Ennemi ?
La voici venir, triomphante,
Plus radieuse et plus vivante
Qu'à son matin de Domrémy !

*Chœur :*

Tous unis, dans un chœur immense,
Emus et joyeux tour à tour,
Aux Cieux jetons ce Cri d'Amour,
De noble Orgueil et d'Espérance :
« Noël à Jeanne! Gloire à la France! »

II

Au milieu de ses gens de guerre
Elle écoute ainsi que naguère
Des Voix que nous n'entendons pas ;
Bannière au poing, le casque en tête,
Nous la devinons toujours prête
A nous guider aux bons combats !

*Tous unis,...*

III

La glorieuse et sainte Jeanne
Est toujours l'humble paysanne,
La pastourelle d'autrefois...
Et c'est pourquoi tenant le glaive
Sa main protectrice se lève
Sur les sillons des champs gaulois!

*Tous unis,...*

IV

En songeant que vivait son père
Par la faulx, la houe et l'araire,
Elle bénit nos forgerons ;
Songeant aux pampres de Lorraine
Couvrant les coteaux et la plaine,
Elle sourit aux vignerons !

*Tous unis,...*

V

Jadis, la France à l'agonie
En Jeanne incarna son Génie
Pour mieux se battre et vaincre mieux
Et, par Jeanne, aujourd'hui la France
Nous prépare encore en silence
Des Lendemains plus Glorieux!

*Chœur :*

Tous unis, dans un chœur immense,
Emus et joyeux tour à tour,
Aux Cieux jetons ce cri d'Amour,
De noble Orgueil et d'Espérance :
« Noël à Jeanne ! Gloire à la France ! »

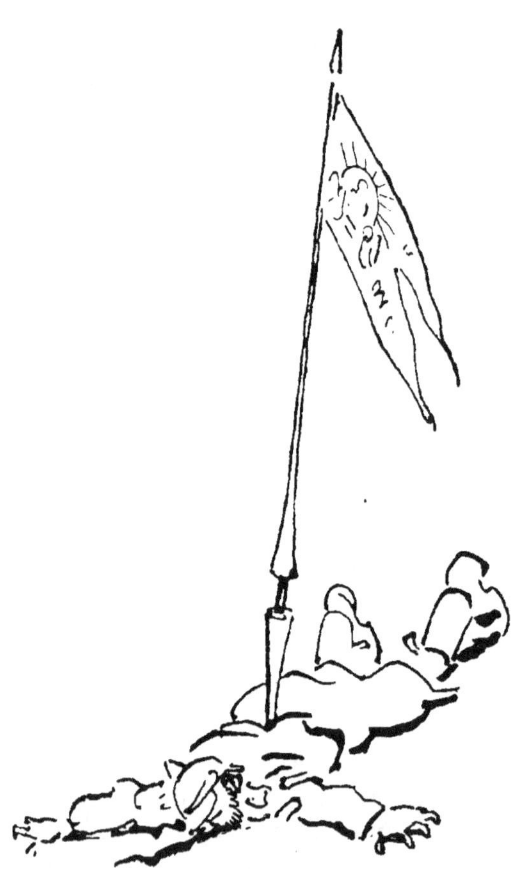

# SALUT A TOI,
# MON RÉGIMENT !...

# SALUT A TOI, MON RÉGIMENT !...

Salut à toi, mon Régiment,
Quarante et unième de Ligne !
Je réclame l'honneur insigne
De te chanter, bien que, vraiment,
Moi qui te sers si pauvrement,
D'un tel honneur je sois indigne !...
Salut à toi, mon Régiment !

Salut à vous, mon Colonel,
Fier jouteur aux Vertus antiques,
Vous dont les Gestes héroïques
Vous auront fait un renom tel
Qu'il va resplendir, immortel,
Près de ceux de nos Preux antiques !...
Salut à vous, mon Colonel !

Salut à vous, beaux officiers
Qui, braves entre les plus braves,
Hors de vos abris, poudreux, hâves,
Avant-hier encor bondissiez,
Et, pointant vos lames d'acier,
Voliez aux postes les plus graves !...
Salut à vous, beaux officiers !

Salut à toi, porte-Drapeau,
Dont l'âme est de si bonne trempe !
Ces Couleurs qui frôlent ta tempe
Brandis-les, haut, toujours plus haut...
Car c'est notre Espoir fier et beau
Qui frissonne au bout de ta hampe !...
Salut à toi, porte-Drapeau !

Salut à vous, mes Compagnons,
Duguesclins de petite taille,
Si forts, si grands dans la mitraille.
En courant sus aux vils Teutons
Grincez des dents, mes Loups bretons,
Et vous gagnerez la bataille!...
Salut à vous, mes compagnons!

Salut, brancardier calme et doux
Dont la tâche est sublime et sainte!
Attentif à la moindre plainte
Des Blessés terrés en leurs trous,
Tu vas à ton Devoir, sans crainte!...
Salut, brancardier calme et doux!

Salut à vous, nos Morts d'hier
Aux champs de Belgique et de France!
Héros et martyrs, patience :
Morts de la Marne et de l'Yser
De Neuville et de Chantecler
Nous préparons votre Vengeance!...
Salut à vous, nos Morts d'hier!

Salut aux Vengeurs de demain!
Voyez : sortant de leur nuit noire,
Les Morts tout rayonnants de Gloire
Vous montrent, de leur pâle main,
Le large, et rouge, et pur chemin
Qui mène à l'ultime Victoire :
Salut, les Vainqueurs de Demain!

(Rebreuviette (Pas-de-Calais) le 12 juillet 1915.)

LE « LUSITANIA »

# LE « LUSITANIA »

Sur l'air de « En ramant » de Désiré Dihau [1].

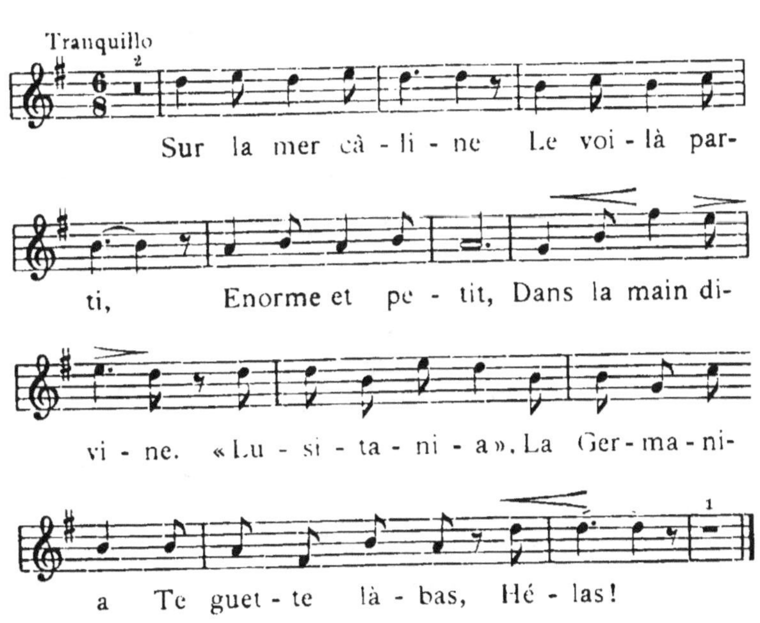



[1] Cette chanson, chant seul, ou avec accompagnement de piano, est éditée par G. Ondet, 83, Faubourg Saint-Denis, Paris.

I

Sur la Mer câline
Le voilà parti
Enorme... et petit
Dans la main divine.

« Lusitania »,
La Germania
Te guette, là-bas,
Hélas !

II

Sur la Mer qui chante
La Chanson de Mai,
Il vole, embaumé,
Vers la Mort méchante !

*« Lusitania »,...*

III

Sur la Mer jolie
Il va, triomphant ;
De femmes, d'enfants
Sa coque est remplie !

*« Lusitania »,...*

IV

Sur la Mer sans ride
Vers l'insoucieux
S'élança, visqueux,
Le requin rapide !

*« Lusitania »,...*

V

Sur la Mer sereine,
Du pauvre bateau
Torpillé bientôt,
S'ouvrit la carêne !

*« Lusitania »,...*

## VI

Sur la Mer qui roule,
Avec quinze cents
Martyrs innocents,
Il s'incline et coule !

               *« Lusitania »,...*

## VII

Sur la Mer immense
Le bon Géant meurt
Jetant sa clameur
Au Dieu de Clémence !

               *« Lusitania »,...*

## VIII

« Sur Terre et sur l'Onde
» Battant le Germain
» Libérons, demain,
» L'Europe et le Monde :

   » Lusitania »,
   » L'heure du combat
   » Qui te vengera,
     » Viendra ! »

(10 mai 1915.)

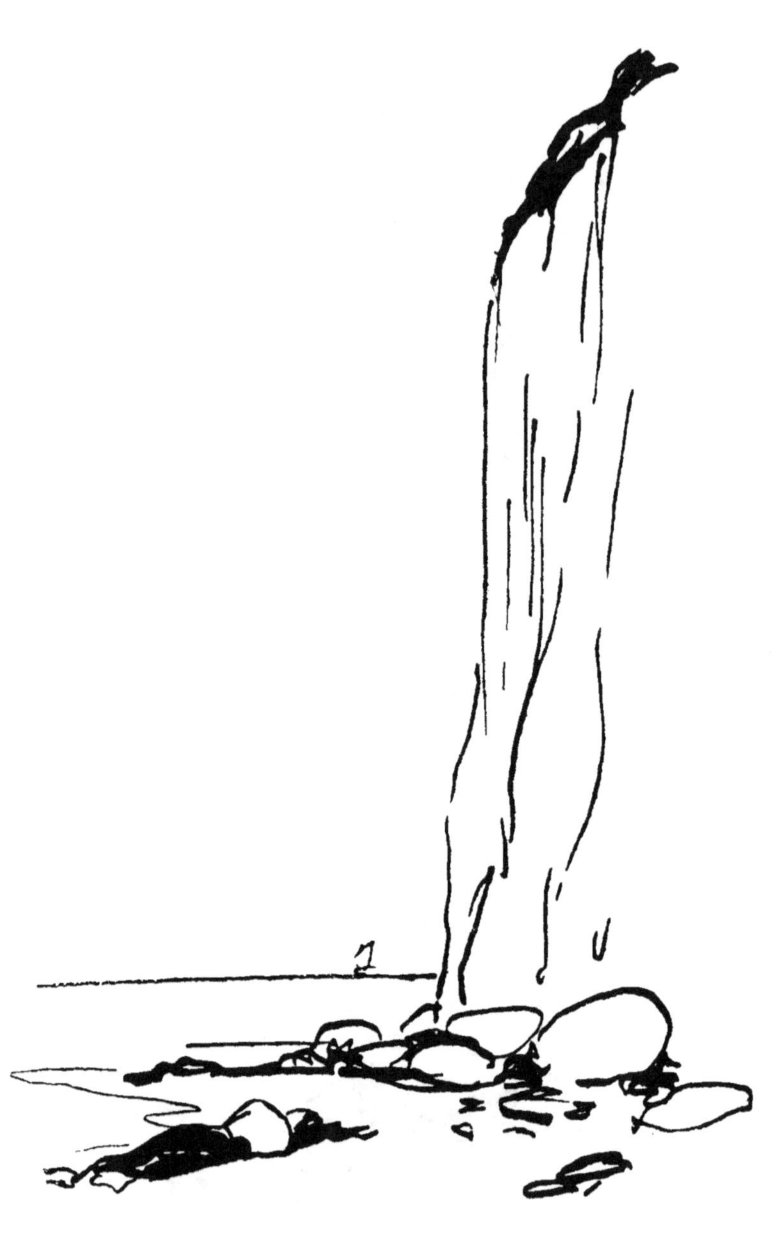

LES GAS ASPHYXIANTS

# LES GAS ASPHYXIANTS

*(Ballade.)*

Jadis, l'arme au poing, l'adversaire
Vous livrait de loyaux combats ;
Aujourd'hui, c'est une autre affaire :
Il vous empoisonne à cent pas ;
Sournoisement, il vous décoche
Un nuage stupéfiant !...
Ah ! méfions-nous du gàs boche
Car c'est un gàs asphyxiant !

Sa louche et froussarde tactique
L'obligeant à vivre terré,
Comme un sanglier domestique
Dans son ordure il est vautré :
Lorsque de sa bauge on s'approche
Qu'est-ce qu'avec son nez l'on prend ?...
...Ah ! méfions-nous du gàs boche
Car c'est un gàs asphyxiant!

Quant à ses chefs, c'est encor pire :
Chez nous, les cyniques sagouins,
Princes et Barons de l'Empire,
Vont s'oubliant dans tous les coins :
Après leurs ignobles bamboches
Nous en faut des désinfectants !...
...Ah ! méfions-nous des gâs boches :
Ce sont des gâs asphyxiants !

Et ça veut imposer au Monde
Sa Kulture avec un grand K !
D'y songer la nausée abonde
Et le Monde a crié : « Raca !
« Mais regarde-toi donc, Trop-Moche !
Ton culot est déconcertant ! »
...Ah ! méfions-nous du gâs boche
Car c'est un gâs asphyxiant !

Envoi :

Princes, Neutres lointains ou proches,
Notez ces faits édifiants...
Et méfiez-vous des gâs boches :
Ce sont des gâs asphyxiants !

# LES VINS DU RHIN

> « Il nous faut la frontière du Rhin,
> » il nous faut nos frontières naturelles :
> » il nous faut les clés de notre maison. »
>
> MAURICE BARRÈS.

# LES VINS DU RHIN

*Musique de ÉMILE SPENCER* [1].

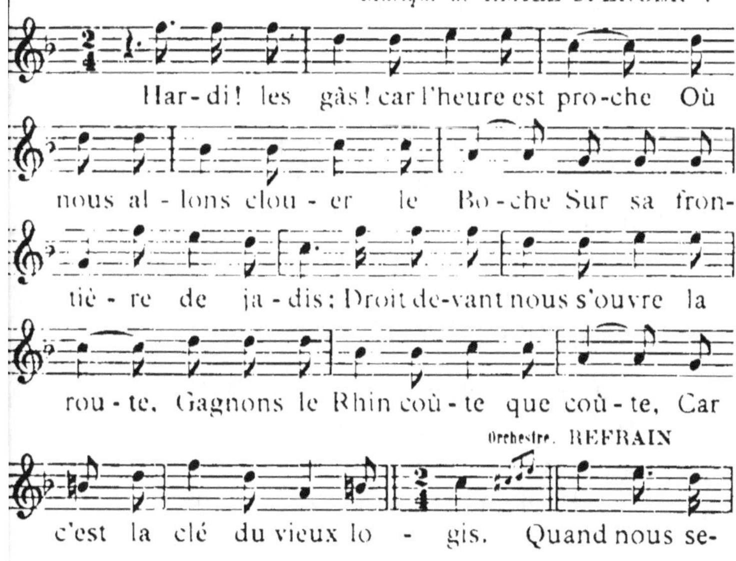



[1] Cette chanson, chant seul, ou avec accompagnement de piano, est éditée par G. Ondet, 83, Faubourg Saint-Denis, Paris.

I

Hardi les gàs ! car l'Heure est proche
Où nous allons clouer le Boche
Sur sa frontière de jadis...
Droit devant nous s'ouvre la route :
Gagnons le Rhin, coûte que coûte,
Car c'est la clé du vieux logis.

Quand nous serons au bord du Rhin
Nous chanterons le gai refrain
Qui mène à l'ultime Victoire...
Quand nous serons au bord du Rhin
Le Vin d'Orgueil nous pourrons boire...
Quand nous serons au Rhin !

## II

Quarante et cinq ans dans la peine,
L'Alsace en deuil et la Lorraine
Ont espéré notre Retour :
Nous chanterons un beau Dimanche,
Le *Te Deum* de la Revanche
Dans ta Cathédrale, ô Strasbourg !

Quand nous serons au bord du Rhin
Le Martyre alsacien-lorrain
Sera rayé de notre Histoire...
Quand nous serons au bord du Rhin
Le Vin d'Oubli nous pourrons boire...
Quand nous serons au Rhin !

## III

Puis, déposant, alors, nos Glaives,
Nous reprendrons nos tendres Rêves
De Paix et de Fraternité :
Terrassés le Mal et la Haine,
A la grande Famille humaine
Nous donnerons la Liberté !

Quand nous serons au bord du Rhin.
Quand l'Aigle noire au bec d'airain
Sera sombrée en la nuit noire,
Quand nous serons au bord du Rhin
Le Vin d'Amour nous pourrons boire!..
Quand nous serons au Rhin !..
    Au Rhin !

NOUS PLEURERONS NOS MORTS,

DEMAIN !...

# NOUS PLEURERONS
## NOS MORTS, DEMAIN !...

### I

Nous sommes toujours en pleine bataille :
N'amollissons pas encore nos cœurs :
Haussons notre front, cambrons notre taille
Ainsi qu'il convient aux futurs vainqueurs.
De Joie et d'Orgueil ayons l'âme pleine !
Que notre gaieté glace le Germain !...
Comptons nos Héros couchés dans la plaine :
Nous compterons nos Morts, demain !

### II

Ah ! le beau trépas que celui des braves
Tombés en chantant, face aux Ennemis !
Ils sont délivrés de nos pensers graves
Eux qui, fous d'Espoir, se sont endormis.

Ainsi que des Preux, jeunes, purs, superbes,
Ils ont trépassé, le glaive à la main !...
Chantons nos Héros couchés sous les herbes :
Nous pleurerons nos Morts, demain !

### III

Des palmes, un jour, leur seront tressées
D'olivier, de chêne et de laurier d'or...
Épouses et sœurs, mères, fiancées,
Ne leur cueillez pas l'immortelle encor :
Effeuillez sur eux aux soirs de Victoire
La rose orgueilleuse et le gai jasmin !...
Fêtez vos Héros couchés dans la Gloire :
Vous pleurerez vos Morts, demain !

EN PASSANT PAR TON BERLIN

# EN PASSANT PAR TON BERLIN [1]

Sur l'air de la chanson de route « En passant par ton moulin ».

Allegretto quasi allegro

I

Kaiser, Kaiser, tu es perdu,   (*bis*)
Nous dirons même, un jour f...tu
Et ru, et ru tontaine,
En passant par ton Berlin,
Et rin tin tin !

II

La Guerre atroc' tu l'as voulue :   (*bis*)
Nous t'en f'rons goûter les vertus
Et ru, et ru tontaine,
En passant par ton Berlin,
Et rin tin tin!

III

Nous prendrons ton casque pointu   (*bis*)
Et nous t'empalerons dessus
Et ru, et ru tontaine,
En passant par ton Berlin,
Et rin tin tin !

IV

Ton Kron de Prinz toujours battu   (*bis*)
Nous lui refouett'rons le tutu
Et ru, et ru tontaine,
En passant par ton Berlin,
Et rin tin tin !

V

Nous enverrons tout' ta tribu   (*bis*)
Régner sur l'Empir' des Ubus
Et ru, et ru tontaine,
En passant par ton Berlin,
Et rin tin tin !

## VI

Nos cinq milliards nous s'rons rendus...   (*bis*)
Et les intérêts en surplus
        Et ru, et ru tontaine,
    En passant par ton Berlin,
        Et rin tin tin !

## VII

Tes palais tocs de parvenu,   (*bis*)
Devront s'attendre à d' l'imprévu
        Et ru, et ru tontaine,
    En passant par ton Berlin,
        Et rin tin tin !

## VIII

Mais tes Eglis's par nos obus   (*bis*)
Ne seront jamais abattues
        Et ru, et ru tontaine,
    En passant par ton Berlin,
        Et rin tin tin !

## IX

Mais tes vieux Boch's demi perclus, (*bis*)
    s'ront ni brûlés, ni pendus
        Et ru, et ru tontaine,
    En passant par ton Berlin,
        Et rin tin tin !

## X

Tes p'tits Pruscots blonds et dodus   (*bis*)
Ne s'ront pas massacrés non plus
        Et ru, et ru tontaine,
    En passant par ton Berlin,
        Et rin tin tin !

## XI

Mais tes soldats — pauvres vaincus ! —   (*bis*)
Nous ne les ferons pas co...rnus
Et ru, et ru tontaine,
En passant par ton Berlin.
Et rin tin tin !

## XII

Nous n' voulons pas, chez toi, vois-tu,   (*bis*)
Laisser d' la bonn' grain' de « poilus »
Et ru, et ru tontaine,
En passant par ton Berlin,
Et rin tin tin !

## XIII

D'autant qu'nos bell's, qui compt'nt dessus,   (*bis*)
Pleureraient ces baisers perdus
Et ru, et ru tontaine,
En passant par ton Berlin,
Et rin tin tin !

## XIV

Nous r'viendrons vit', fiers d'avoir pu   (*bis*)
Du Monde assurer le Salut
Et ru, et ru tontaine,
En passant par ton Berlin,
Et rin tin tin !

# TANT PIS POUR EUX !...

*J'ai vécu, j'ai chanté, j'aimais.*
Fou de joie, ivre d'espérance,
Sans chercher ce qu'était la France,
Sans savoir si j'étais Français,
*J'ai vécu, j'ai chanté, j'aimais.*

*J'ai vécu, j'ai souffert, je hais.*
Enrôlé pour sa délivrance,
Je sais que la France est ma France ;
Je suis sûr que je suis Français...
*... J'ai vécu, j'ai souffert, je hais !*

PAUL DÉROULÈDE.

# TANT PIS POUR EUX !...

<blockquote>

« Œil pour œil, désormais, dent pour
dent, Science pour Science !... »

(*Les Journaux.*)

</blockquote>

### I

Nous chantions !...

   ...et, souvent, nous dansions en chantant
Des valses de chez eux, berceuses et lascives,
Durant que ces bandits, dans l'ombre nous guettant,
Ne songeaient qu'à nous vaincre aux heures décisives.
...Mais, se resaisissant, et bouclant à leur taille
L'Epée, avec, déjà, des regards glorieux,
Et jurant de leur rendre entaille pour entaille,
Nos fils n'entonnent plus que des chants belliqueux.
Nous chantions !...

   ...Ces gens-là nous ont livré bataille :
    Tant pis pour eux !

### II

Nous rêvions !...

  (...Et, chez nous, les rêveurs sont sacrés
Qui déclaraient, ingénument, la Paix au Monde)
Pendant que, ricanants, ces chacals exécrés
Tendaient vers Toi, déjà, France ! leur mufle immonde !
...Mais, où sont leurs élans farouches de naguère ?
Depuis des mois, ils sont terrés, mornes, peureux ;
Ils menaçaient, hier : ils ne l'osent plus guère
Tant ils nous sentent prêts, et forts, et courageux.
Nous rêvions !...

  ...Ces gens-là nous ont appris leur Guerre
   Tant pis pour eux !
   Tant pis pour eux !


### III

Nous aimions !...

  ...et pour être aimés à notre tour,
De tous les cœurs nous entamions le tendre siège
Alors que ces Judas, bafouant notre Amour,
N'esquissaient un baiser que pour nous tendre un piège.
...Et ce fut la Ruée, enfin, à perdre haleine,
Le Massacre féroce et le Viol hideux ;
Flandre, Artois, Picardie, et Champagne et Lorraine ;
Louvain, Senlis, Arras, Albert, Reims... Ah ! les gueux !!!
**Nous aimions !...**

  **...Ces gens-là nous ont appris la Haine :**
   **Tant pis pour eux**
   **TANT PIS POUR EUX !!**

(31 août 1915.)

---

N. D. E. — La 3ᵐᵉ série des « Refrains de Guerre » de Botrel paraîtra sous le titre : *Chants de Bataille.*

# TABLE DES MATIÈRES

# TABLE DES MATIÈRES

LAUSANNE. — IMPRIMERIES RÉUNIES.